股海沉浮札记

马 跃 著

中国科学技术出版社
·北 京·

图书在版编目（CIP）数据

股海沉浮札记 / 马跃著 . —北京：中国科学技术出版社，2018.8
ISBN 978-7-5046-8036-5

Ⅰ.①股… Ⅱ.①马… Ⅲ.①股票投资—基本知识 Ⅳ.① F830.91

中国版本图书馆 CIP 数据核字（2018）第 090001 号

责任编辑	符晓静　齐　放
封面设计	孙雪骊
正文设计	中文天地
责任校对	杨京华
责任印制	徐　飞

出　　版	中国科学技术出版社
发　　行	中国科学技术出版社发行部
地　　址	北京市海淀区中关村南大街 16 号
邮　　编	100081
发行电话	010-62173865
传　　真	010-62173081
网　　址	http://www.cspbooks.com.cn

开　　本	710mm×1000mm　1/16
字　　数	120 千字
印　　张	8.5
版　　次	2018 年 8 月第 1 版
印　　次	2018 年 8 月第 1 次印刷
印　　刷	北京长宁印刷有限公司
书　　号	ISBN 978-7-5046-8036-5 / F·864
定　　价	45.00 元

（凡购买本社图书，如有缺页、倒页、脱页者，本社发行部负责调换）

序

我和马跃先生以前虽然都是广播电影电视系统的，但是并不太熟悉。2011—2014年，宁夏卫视和上海第一财经集团合作办宁夏卫视，我们开始熟悉起来。我与他一起到国家广播电影电视总局汇报两家合作谈判情况，获得总局批准，有了3年的合作经历。

为了办好宁夏卫视第一财经的中国资本市场节目，上海、宁夏两市区都做出了许多努力。马跃还借着参加上海世博会后中国红十字会和红新月会举办活动的机会，和当时的《第一财经日报》总编辑秦朔谈了他理解的平民化视角办资本市场节目的观点和看法。

没想到合作结束只有两年，他就把他以前的想法付诸于和湖南广播电视集团经济广播频道的合作实践中。在湖南广播经济频道的《黑马点将台》中开办了"老马驾到"小板块。从2017年8月28日开播到11月17日停播，一共播了50期。

资本市场和民生、历史文化、人生经历靠得如此之近，如此之有趣，是我以前没有细细想过的。

这可能和他大学专业学的是汉语言文学，研究生课程读的是中科院技术与数量经济学，工作后又从事媒体传播有很大关系。

中国资本市场股市注册账号的 90% 以上是散户，他们对资本市场有他们的理解，他们也需要发声。马跃的这本书，就是他们中的抛砖引玉者。

资本市场没有那么神秘，资本市场也不像一些专家描绘的如诡异的百慕大三角区。它不仅是我们生活的一部分，有时驾驭得好了，还能让我们有更好生活的工具与途径。

看看马跃的这本书，也许你也会有自己的想法。散户们，提笔像他一样记录下来好吗？

祝中国资本市场如散户期待的一样，越来越健康繁荣。

是为序。

谢　力

（原第一财经电视频道总监，现任华人文化控股集团联席总裁）

前　　言

炒股是一件快乐的事，它帮助我们认识世界，了解经济现象，改善并丰富我们的生活。炒股也是我们选择的一种生活方式，每天浏览浏览股票，在股海里冲冲浪，生活丰富多彩也算没有白过。

大盘指数每天都在起起落落，我们就像看太阳东升西落一样，心烦了可以不看盘，查查忙于操作时没有看的资料，说不定能挖掘出"富矿"和"白马"，甚至找到"黑马"的蛛丝马迹。

股市就是机构、大户和庄家的思维，散户在这样的形势下很难赚到钱。因此，要逐渐摸索出适合自己的、与庄家共舞的方法。

散户炒股是一种个体体验，关键在于一个"悟"字。使用证券公司提供的炒股软件，从众多的数据中联系社会经济现象，发现端倪，是我们作为一个股民的基本素质要求。要学会使用这些工具，来调整我们的操作。没有对经济现象的兴趣和感觉，就不要入股海；不能熟练使用炒股软件工具，就不要操作股票。

散户就像一只猎豹，在股海动物世界的缝隙里游刃有余地生存。我有超群的技能（锻炼出的奔跑速度是一流的）；我有超出常规的狩猎行为，选择和同伴相反的狩猎时间（猫科动物大多夜间狩猎，它们是食物链顶端的统治者，狩猎也要减少惊吓和维持原有秩序）；我有与巨兽共存的本领，能和狮子共同拥有草原。这就像股海中与庄家共舞，不需要战胜庄家，只需克制自己的欲望，避免落入庄家设置的圈套和陷阱中。

庄家最大的弱点，就是不能强迫散户交易；散户最大的自由，就是没有达到我们散户设定的价格，我们可以不入市、不交易。这也是市场公平原则的具体体现。为什么证券公司不停地提示我们："股市有风险，入市需谨慎"，就是因为我们散户有不入市、不交易的权利，不然他不会提醒你。俗话说："君子有所为，有所不为。"我们散户管不了别人，一定要管住我们自己。

我不是来推荐股票、分析股票、解答问题的，我是发问者，初入股海的你准备好了吗？因为它是战场。不打无准备之仗，是我们散户的基本要求之一。

原则：你不理财，财不理你。

有闲钱再去炒股，绝不拿生活、教育、买房的钱炒股。

散户的思维就是买！买！买！打死都不割肉，没有"二八仓位"一说，没有15%止损一说。要么不买，若买进了就像趴在庄家身上的蚂蟥，不赚钱绝不松口退出！

本书结构：一首歌，或小品、相声、段子的片断作为引子；

一个当下政治、经济、文化、社会现象；

一个定律，或我的观点、见解、经历；

一段服务，技术分析——回顾市场现象、个股表现，注脚和佐证经济现象和我的观点、见解。

目 录
Contents

一　大势 …………………………………… 001

二　选股 …………………………………… 019

三　操作心态 ……………………………… 040

四　了解我们的合作伙伴——上市公司 … 062

五　操作需谨慎 …………………………… 080

六　认识自己 ……………………………… 100

七　使用工具 ……………………………… 115

后　记 ……………………………………… 124

一　大势

1-1　大势，大势，还是大势，要相信大势，万点不是梦

　　当今中国已进入多元崛起、多元投资的时代。就像 2016 年 G20 杭州峰会公报所体现的，为世界经济治理提供解决问题的中国方案。

　　日本在 20 世纪 80 年代末 90 年代初高速发展时期，选择了微型机器人作为技术和产业升级的突破口，结果几十年后成就了一年两次的国际奥林匹克机器人大赛。

　　欧洲在当时制定了尤里卡计划，似乎是找到了外太空领域科技发展方向的制高点，看见了欧洲的团结和兴旺，但巨大的投资却让各国各怀心事。

　　那时的美国则选择了星球大战计划，最后落脚在互联网上，就是我们现在看到的国际互联网高速公路建设。随着海底电缆降低了传输成本、

微软视窗解决了平民应用问题，形成了巨大的市场，今天还在发挥着巨大的影响力，以后还不知道会发酵出什么。

中国人口众多，从来就不应该线性发展，而是要多元出击、多元发展。在日本、美国着力的这两个领域都要超越。互联网和互联网重要节点、落脚点的微型机器人技术就是中国弯道超车的机遇和时机，这二者的组合就是下一代互联网——物联网。像中国今天这样的势头再保持10~20年，中国股市的万点还会是梦吗？

2016.10

1-2 在中国的机场你看到了什么

机场是一个让不同肤色、不同国籍的人们汇集的地方。20世纪80年代去中国香港特别行政区，香港人指着机场说这里不到1分钟就起落一架航班。看着繁忙的机场，你就能立刻明白香港为什么这样繁荣。

今天你能看到比百足虫、章鱼爪子还要多的登机廊桥，你会想到什么？在中国北京首都机场、上海虹桥或浦东机场、广州白云机场、成都双流机场、昆明长水机场、深圳宝安机场、西安咸阳机场、重庆江北机场、杭州萧山机场、厦门高崎机场、南京禄口机场、长沙黄花机场、武汉天河机场、郑州新郑机场、青岛流亭机场、乌鲁木齐地窝堡机场、海口美兰机场、三亚凤凰机场和天津滨海机场，等等，不能再往下数了，中国至少有30个以上这样的机场。这些机场的庞大与繁忙都是30年前无法比拟的，人流汇集的机场是走向世界、走近中国的起点和终点。

过去在国外见到亚洲面孔，总是问他们是日本人？韩国人？现在直接就用汉语和你打招呼。

资本是要靠人腿走天下的，现在中国已经成为世界投资大国。西方贸易保护主义抬头，这是世界感到了中国资本的涌动。中国现在是世界资本投资的热土。前些年，中国商人流向海外的资本，不是也在陆续回流了吗？

2016.10

1-3 中国已由生产大国，逐步走向消费大国

中国改革开放近 40 年，人们的收入水平不断提高，脱离了温饱阶段，逐渐向小康过渡，中国也向世界宣布将在 2020 年消灭贫困。中国已由世界工厂的生产大国，逐步走向消费大国。

2015 年，中国已由投资接受国转变为投资国，这标志着中国的生产版图布局已经是世界性的，中国的投资者也是他国的消费者。

2016 年 10 月 1 日，人民币正式加入国际货币基金组织（IMF）特别提款权（SDR）货币篮子，这是因为中国人的消费能力已经影响到了世界的生产和消费指数的统计。

中国的物流业十分发达，"购全球""全球购"已成为普遍现象，消费大国的形象受到世界各国的普遍重视。中国的旅游人数已是一个世界性经济指标和动向。中国政府的采购（如波音、空客）也会影响到这些公司的国际竞争力。

消费者是受所有国家欢迎的人群，2017年有30多个国家举办了欢度中国春节的活动。

2017.2

1-4 创新让中国医药逐渐被世界接受，中国已成为第一大原料出口国、全球第二大医药消费市场

新华社北京7月12日电，国家食品药品监督管理总局副局长吴浈在北京举行的2017年发展中国家药品质量管理研讨班开班仪式上说，经过多年的发展，中国已成为全球第二大医药消费市场、第一大原料药出口国。中国现有近5000家原料和制剂企业，医药制造业年度主营业务收入超过2.5万亿元人民币，其中有近50家制剂企业通过了欧美的认证或检查，医药制造品出口额超过135亿美元，这说明中国医药产业已经具备为世界其他国家提供安全可靠医药产品的能力。

2015年，中国女药学家屠呦呦获得诺贝尔生理学或医学奖。吴浈就此指出，中国医药产业正在为全球创新药物发展贡献自己的力量，在全球疾病预防和健康保障领域发挥着积极作用。作为世界卫生组织推荐的一线抗疟药，青蒿素在全球特别是发展中国家挽救了数百万人的生命，这一发现被称为"20世纪下半叶最伟大的医学创举"。

中国在制造和消费这两个方面的进步，为中国医药企业提供了宽广的平台。中国股市有几百家医药制造企业，是股市中一个重要的板块。世界市场的打开，为中国的上市医药制造企业创造了千载难逢的机

遇。现在医药版块总体价格还不算太高，有的还处在阶段性价值投资区域。

2017.7.16

1-5 互联网让中国弯道超车成为可能，手机终端生活化，在中国率先实现

2017年2月，微信里流传着一段视频：台湾地区的一位女主持人大声地说着什么叫后发先至，说大陆地区的手机第三方支付非常普及，拿着现金是打不上出租车的，手机预约和手机支付已成为普遍现象；中科院的教授到偏远山村时以为村民要和他讨论生活问题，结果和他讨论的是美国总统选举问题，因为村民已人手一部智能手机，他们已经后发先至地与世界一起跨入同屏时代。而在台湾，人们还在为停车费到处去换零钱。互联网在大陆不仅是通信工具，而且已经成为创业手段和生活生存方式。

以往我们储蓄或办理财产品，不是注册存折，就是签合同办卡，几乎把我们的所有私人信息都要填个遍，费时费力。互联网时代，尤其是手机智能终端时代，只需一个手机号，下载注册一个APP，一切都搞定了。互联网从陌生地交流，到陌生地信任，互联网金融的诞生，让人不敢想象它的庞大和功能的多样。我购买的某款理财产品，中午12点和晚上8点放出的年化收益率为7%的品种，几秒钟就被抢没了。

各行各业都在积极对接"互联网+"概念，让中国所有的领域趋向国际化。这种主动的开放的姿态，已成为全社会的共识，它所带来的能

量是不可估量的。浙江乌镇的国际互联网大会和G20杭州峰会，已经向世界展示了中国对互联网的理解和中国经济在互联网实践的成果。

上市公司大多数是优质公司，有不少还是各自行业的领跑者，它们已经主动融入了互联网，这些公司构成的股市，未来一定是可以期待的。

2017.3

1-6 学习是一个国家、民族进步的标志

改革开放的一个重要事件和标志，就是恢复高考。各类夜校像雨后春笋一样遍地开花，学子们夜晚挑灯读书的景象让人难忘。可以说，中国人对知识的渴求和对外部世界的迫切了解，催生了改革开放。

近40年的改革开放，中国人对世界前沿科技的模仿和追求从未停止。

中国的小家电、手机产品从山寨到创新，现在已经占领全世界中、低端市场。中国华为公司现在已是全世界通信、互联网市场的超级大公司，我们出国后总能看见华为公司的LOGO和华为公司职工的身影。

中国人的好学和勤奋在世界上是数一数二的。在我的记忆中，20世纪90年代初有一款手持的小游戏机，可以玩二三十种小游戏，如俄罗斯方块、小蜜蜂、坦克大战等。此游戏机刚出来时好像是日本任天堂游戏公司发明，售价是人民币140~180元，相当于当时一个科长的一个月的工资。中国河北有一个白沟镇，当时玩具和小电子产品非常丰富，现在那里箱包和皮货很出名。同样的小游戏机白沟只售25元，多买18元，

大批量批发只要14元、15元，日本人不相信，因为核心芯片的成本都要四五十元。买了几个拿回去研究，发现芯片被大幅简化，不但功能没受影响，操作也更加方便迅捷。

2017.1

1-7 春江水暖鸭先知，英国权威专家预测，未来几年内中国可能超过英国，成为海外学生留学的第二选择

1986年费翔的歌曲《故乡的云》《冬天里的一把火》唱遍了中国，唱响了华人世界，那只是人们在追求现实世界生活对故乡的美好追忆。今天不一样了，海外留学生每年几十万人的归国潮，说明中国已是创业的热土，是未来美好生活的所在。人才的流向是经济流向的未来，中国必将引领世界前沿产业孵化，对中国管理、生产、创新的影响不可估量，对世界消费、文化、时尚的引导将逐步增强。

2016年9月16日乘飞机出差，在飞机上看到当天的《参考消息》，第15版有一篇英国《独立报》网站的报道《选择到中国留学的英国学生人数大增》。文章说，2015年有超过39.7万外国学生赴中国学习，是10年前的2倍以上，这使中国排在加拿大、德国和法国之前，成为海外学生最喜欢的留学目的地之一。其中，到中国攻读学位或交流的英国学生数量增至10年前的3倍。

专家们认为，中国政府做出的努力、中国教育水平的不断提高，以及为攻读的学生提供的奖学金项目，是产生这种趋势的重要原因。

留学生公寓网的一份调研报告预测称，到 2020 年中国将超过英国成为受海外学生欢迎排名第二的留学目的地，并将对最受欢迎的美国造成挑战。

中国的教育水平已得到认可。对年轻人来说，中国已成为越来越有吸引力的留学目的地，特别是对攻读商科和经济相关专业学位的学生来说。

英国文化协会的一位发言人说："中国正在对教育大力投资，它显然已确立了自身作为世界经济和政治舞台上一个关键角色的地位。学生们越发认识到，有竞争力的在华学习经历能得到用人单位的认可。所以，到中国留学的学生人数增加也就不足为奇了。"

我在报纸的边沿写下了自己的读后感言：春江水暖鸭先知。2016 年中秋前，中国股市又深跌，人们一片惊呼！是否又是一次中期调整。其实不然，外围股市虽有波动，但对中国股市影响不大。G20 杭州峰会在全世界的正面影响会给中国股市带来好运的。中国正在走一条不同于西方的富裕之路，只要得到世界的认可，就会再给中国带来 20 年发展红利。这篇文章就是最好的例证。现在虽然不是最好时期，但是正在逐步走向光明，因为世界需要一个不同于西方的中国。

2017.1

1-8　要善于发现"蝴蝶效应"经济现象

"蝴蝶效应"是说亚马孙热带雨林里的一只蝴蝶扇动翅膀，传递到美国的德克萨斯州就会掀起一场风暴。中国人管这叫秋风起于青萍之末。

一　大势

2017年的正月十五，银川的农民进城表演社火，为了吸引观众，社火队堵住了一个十分重要的十字路口——黄河路和正源街交叉口，导致方圆3千米内的道路交通几乎瘫痪，车辆行驶缓慢。

特朗普上台，强调美国利益优先，民族主义、贸易保护主义抬头，将会对世界经济格局带来重大影响，这对许多行业可能是致命的。制造业、服务业、生活用品、食品出口生产行业可能首当其冲，但高科技、互联网支持的新兴产业可能会逆市而上，因为这些行业是世界生产领域的领跑者，是任何人、任何人为的措施都阻挡不了的。比如智能电子产品、智能电动车、智能机器人、清洁能源、全球便捷通信技术、人类交流智能翻译系统、提高人类生活和生命质量的生物技术等，这些行业将在贸易保护主义的铁笼中逆生长。产业不能流动，但人才和知识产权的科技可以流动，中国开放包容的态势，就是这些新兴产业流入的沃土。中国已成为世界第二大投资国，就是最好的证明。

蝴蝶已扇动翅膀，秋风已起于青萍之末，我们要从这些信息源读出对中国股市的影响，认识哪些行业会受重大影响，避开陷阱，骑上"白马"，谱写我们股市的快乐人生。

2017.2.12

1-9　中国股市的冷思考——能否在相对低点时出台管理调整政策

行与思历来是实践者的两大流派。想好了再做和边干边想边总结，它们的方式是不一样的。据说在19世纪末到20世纪中期，美国用半个世纪的时间去研究这两者之间的关系并得出结论：行动应该优于思考。一个美国考察团在20世纪中期到清华大学考察，看到了一块20世纪初立的石碑上刻着四个字：行胜于思。几乎在美国人开始研究时，中国人就有了自己的结论。

中国人历来重视实践，因而脚踏实地、埋头苦干、勤勤恳恳是我们的基本特点。1992年邓小平视察南方时，提出要在发展中解决改革出现的问题，而不是停下来争论。把事物向发展的方向推动，是我们管理和改革的主要原动力，只要是影响发展的都有改革的必要，只要是推动发展的都有坚持的必要。

股市也要在发展中解决存在的问题，推动股市健康、趋上的发展是题中之义，任何形式的长期低迷都不是健康发展的状态。有关部门在出台调整、整顿管理股市政策措施时，为了减少对市场的震荡，可以在市场阶段性低点时出台，这样市场对新政策的理解、反应，就不仅仅是整顿、规范，还有促其尽快走出低点的明确信号导向。

2017.4.25

1-10 透过现象看本质，炼不了火眼金睛，也要练出一双鹰眼，让自己看得更远

2017年5月，笔者第二次去江苏连云港，再次登上了齐天大圣孙悟空原型的故乡——花果山。据说吴承恩就是在此处获得了灵感，创作了神话小说《西游记》。

一部《西游记》，我从小就读了多遍，给我印象最深刻的就是三个故事。

一 大势

一是石猴出世学艺七十二变，入龙宫借得定海神针金箍棒，金箍棒大小伸缩自如，可藏于耳中。

二是齐天大圣大闹天宫被收入八卦炉，炼出火眼金睛，蹬倒火炉致其落入人间成为火焰山，西天取经三借芭蕉扇，屡次被骗。

三是孙悟空三打白骨精，每次以火眼金睛识破白骨精，猪八戒添油加醋，师父频念紧箍咒。

我们凡人要想炼出火眼金睛那是不可能的，倒是平凡的内蒙古人凭借对草原的理解练就的一双鹰眼，对我们如何看大盘的走势有了一些启发，提供了一些思考问题的基本方法。

在我没有去过真正的大草原时，我对内蒙古卫视的一档节目《蓝色的海洋》不是太理解，草原应该是绿色的啊？

后来听到许多歌唱草原的歌曲，歌词中时不时也出现蓝色的草原、海洋的说法。

到过几次草原，慢慢地对"蓝色的海洋"有了一些感觉。草原的辽阔，在地平线的尽头是与天融为一色的，看上去就是蓝色的。草原的色彩随天空的变化而变化，朝霞和晚霞中仿佛是金色的，雪天是白色的，夜晚是黑色的，秋天是黄色的，你说草原是什么颜色？它就是天的颜色，天以蓝色为主基调，草原当然就是蓝色了！

内蒙古人对草原主色调的判断告知我们，当主基调确定后，其他的色彩和干扰都可以忽略不计。我们现在对中国股市的大势判定是"万点不是梦"，既然股市是经济的晴雨表，世界第一大经济体美国的股市都已经是两万点了，中国已成为世界第二大经济体，那我们就等着中国A股和与它匹配的地位显现的时刻吧！其他的所有波动都不要动摇我们的信心。

排除所有的干扰，紧盯目标，中国经济的这双"鹰眼"迟早会看到中国股市万点的出现。

2017.6.15

1-11 中国依然需要改革开放四十年后的下一个四十年的和平发展时机

2017年6月18日至23日，连续看到了新华社发的三篇消息。

6月18日《2017年全球创新指数出炉，中国排名上升3位》。世界知识产权组织和康奈尔大学等机构日前联合发布2017年全球创新指数报告，中国国际排名从2016年的第25位升至第22位，成为唯一进入前25名集团的中等收入国家。专家表示，这一成绩得益于创新驱动发展政策导向的结果，显示出中国"令人惊艳的创新表现"。

6月19日《超算欲追赶中国，美国下了大本钱》。美国能源部近日宣布，将在未来3年拨给6家科技公司总额2.58亿美元的资金，以加速下一代超级计算机技术的研发，目标是到2021年交付至少一台每秒可进行百亿亿次计算的超级计算机系统。美国能源部长里克·佩里在一份声明中说："持续保持美国在高性能计算机领域的领先地位，对于美国的国家安全、繁荣和经济竞争至关重要。这些资金将使美国的主流技术公司整合强大的技术、专业知识和资源，加入超级计算下一阶段发展——研发百亿亿次系统——的全球竞争。"

根据每半年发布一次的全球超级计算机500强（TOP500）榜单，全球目前最快的超算系统是中国"神威·太湖之光"，其浮点运算速度达

一　大势

到每秒9.3亿亿次，中国的"天河二号"以每秒3.386亿亿次排在第二名，美国的"泰坦"以每秒1.76亿亿次排在第三名。研发百亿亿次超算系统意味着将把现有最高计算性能提高10倍以上。

6月21日《首轮中美外交安全对话传递四个信号》。美国国务卿蒂勒森在评论这次对话时则说，过去40年，中美关系经历深刻转变。此次对话为我们思考在下一个40年里如何彼此接触、相互共存提供了思路。

分析人士认为，中美两国元首共识的引领、相互需要的现实、共同利益的追求，不约而同投向下一个40年的目光，是此次对话取得积极成果的重要原因。

这三则消息让我们看到，世界正在逐步承认中国是一个自主创新型的创新技术国家，现在中国的每一次进步都是引进和创新的结果，而不是抄袭。

美国通过在超算领域投入资金、整合资源来与中国竞争。这是一个好消息。经济领域的竞争，将使世界全面合作，而战争只会带来人员分离与国家分裂。

沟通是实现合作和管控分歧的基础，合作则是唯一的正确选择。在国际格局正经历大变化、大调整的这个时代，中美保持双边关系行稳致远，是对世界和平与发展的重要贡献。

大国要有大国的风范、大国的责任，中美的合作不仅仅是中美间的利益选择和要求，也是世界各国人民的期望，因为共筑人类命运共同体、幸福地生活是人类的共同期待。

逐步走向世界舞台的中国，一定会有一个体量逐渐庞大、指数不断攀升的资本市场与之相匹配。

2017.6.27

1-12　金九银十，聊聊大势

散户有一个奇怪的现象，就是不愿聊证券市场的大势，仿佛是与己无关。可是在操作时他们又往往表现出对上涨大盘的恐惧，时时担心掉头向下，根本没有收获到应该得到的利润就出货了。大盘下跌中又担心还要下跌，不敢持仓，往往割肉了结。为什么？说到底是对大盘趋势的判断不明，没有自己的主张，没有底气。

散户对大盘的理解应该更为精细，不仅要判断大盘趋势，还要判断行业趋势、版块趋势，最终要落到手中持有的个股股票趋势上，这样的判断对散户来说才有意义，才不会失去操作方向。

给大家举个例子，我持有燕京啤酒股票好几年了，有段时间还有收益，现在被套也有一段时间了，9月1日收盘6.57元，我的持仓成本是7.216元。但我判断这只股票应该在10元以上，乃至15元以上。理由是：随着人们收入和生活水平的提高，啤酒的消费一直在增长；燕京啤酒在全国的生产线、销售布局相当不错；最近又调整了高层管理人员，非常年轻化；关键是它在上市啤酒公司中的股票价格是最低的。

2017年9月1日是九月的第一个交易日，大盘在前几个交易日上涨的趋势中微涨收盘，股指摸到了3367.12点。网络上一片叫好声，开门红！喜迎金九银十！

同年，9月、10月逼近年底又距年底还有一段的时间，许多机构和庄家为年底回款和报表好看，都会借来年的多种不确定因素制造热点，从中牟利，这很正常。没有庄家制造的突破机会、拓展出的腾挪空间，散户也没有赚钱的机会。

只是我们散户要判断今年的金九银十和往年有什么不同，以矫正自己的操作。今年的最大不同就是 2017 年 10 月 18 日要召开的党的十九大，全国人民瞩目、世界关注，我们散户当然寄予厚望了！

2017.9.3

1-13 入市股龄 10 年以上的老散户，你的扩张速度跑赢大盘了吗

这几天人们都在热议 2007 年 10 月 16 日 6124.04 点的中国沪深 A 股上证指数的历史高点十周年，那是一个值得记忆的日子。我是在它的 10 年前入市的，虽然钱不多，也拿出了当时三五年的收入。但还没有到 6124 点，大约是 4000 多点时我就已经出来了，10 年间只获得了百分之十几的收益，还不如当时的活期存款的利息，只能安慰自己：好歹也是赚了啊！

2007—2017 年是我最欣慰的 10 年。当股市从 6124 点下落至 2300 点时，我又拿出了相当于三五年的收入，在 2008 年年底重新注册入市，到 2015 年 6 月 5178.19 点时，我的收益达到了投资的 630%，到现在 2017 年 10 月间，我的收益依然是投资的 470%。

10 年来中国沪深 A 股的变化是巨大的，2007 年 10 月 16 日时，挂牌上市公司数量是 1479 家，10 年后 2017 年 10 月 16 日数量增加至 3405 家。10 年前沪深股市总市值与流通市值分别为 326688 亿元和 85250 亿元，如今已达 625748 亿元和 452092 亿元。沪深股市的扩张与规模都是明

显的。

  我是坚定的中国 A 股上证指数"万点不是梦"的支持者，10 年前 6124.04 点时全社会都在喊"股市万点不是梦"，后来直落到 2008 年 10 月 1664.93 点时，全社会又感到灰心丧气。我依然坚信勤劳的中国人创造的中国经济奇迹不会就此结束！6124.04 点是一个高峰、一个回忆、一个欢腾的岁月，但它也仅仅是"万点不是梦"的一个台阶而已！

  中国已是世界第二大经济体，经济体量紧随美国。股市是经济的晴雨表这一点到什么时候都不会变。美国股市的今天就是中国股市的明天，这一点我们一定要坚信，美国股市在 2017 年已经创出了 51 个新高，最高达到了 23157.60 点，中国股市的万点还是梦吗？

  散户要在不断扩张的股市中找到适合自己的操作手段、盈利模式，否则，我们选择股市作为我们幸福生活的场所，就不是一个恰当的途径。入市 10 年以上的老散户要时不时地问问自己：我的扩张速度跑赢大盘了吗？

2017.10.19

1-14 一个不同于以往的中国证券资本市场的 2017，一边是海水，一边是火焰

  有人说，成熟的资本市场，存在大量的仙股，因为优质的上市公司并不多，人们追逐优质公司，对一般公司不怎么热捧，因而许多公司的交投并不活跃。

  2017 年，中国资本市场已经露出这样的端倪，上证 50 红红火火，

可以被称为火焰，烧红了半边天。人们说这是价值投资理念在初步形成，仿佛捏着好股票不卖，就是价值投资，非也，散户千万不要相信。这依然是庄家思维，庄家收集白马股筹码的成本，一定是要高出黑马股许多。能被认为是白马股的，那是市场已经形成了初步共识。打压、收集筹码是一个非常艰难的过程，因而锁定筹码后的拉抬过程也十分漫长，需要散户相信他们说的白马股一定是一个"强者恒强"的孤独求败者，就像越过700元的茅台股份一样。他们需要把股价推高到一定程度，还让你相信有价值投资的必要，让你成为高位的接盘侠。

突然想到了网络上调侃中国股市的一句笑话——"专治各种不服"。你说小盘股容易拉升，2017年有一些大盘股的利润反而非常不错；你说高科技股票会带来超额利润，可它就是干不过各种白酒；你说大盘指数上涨了，股价就随之上涨，但是有超过一半的股票却处在阶段性最低点，甚至有许多股票价格还处在历史性的最低点。

股市就是股市，它有规律又没有规律。一些西方经济学家说，市场商品的价格和资本市场的大盘波动曲线就像醉汉晃动的脚步一样没有规律。不过听说有些高人能从醉汉的步态中看出他喝的是茅台、五粮液、剑南春、二锅头还是本地酒。我多么希望我也能有一双这样的火眼金睛，能透过现象看本质啊！

2017年，沪深七大主流指数，上证综指涨了6.56%，深证成指上涨了8.48%，创业板跌了10.67%，中小板指数微涨0.17%，沪深300涨了21.78%，中证500微跌0.20%，上证50涨了25.08%。从指数来看，虽然有不尽如人意之处，但看上去还是暖意融融的。

2017年12月29日年底收盘的最后一天，上证指数收在了3307.17点，围绕3300点的箱体横盘的时间太久。快跌慢涨，有人说是慢牛格局，一路走来，让人越来越质疑。跌时断崖式地惊心动魄，涨时一点点地爬行让人心焦。尽管涨的天数多于跌的天数，但跌的速度远远超过涨的速度。所以，人们的感觉是虽然阴雨的天数不多，但留下的阴影却很长。

  10年前，2007年10月16日上证指数最高点是6124.04点；2015年6月12日次高点是5178.19点；2008年10月28日最低点是1664.93点。2015年12月31日收盘是3539.18点，2016年12月30日收盘是3103.64点。这样一比，虽然离最高点、次高点很远，也比不上2015年年底收盘，但还是好过了2016年年底的收盘，但愿2017年年底收盘的3307.17点，是2018年的起点吧！十年磨一剑，跨越吧！2018！

2017.12.29

二　选股

2-1　高、中、低价股选股的要求是不一样的

2017年在苏州过年，大年三十中午去逛超市，在出口外等孩子结账，看到一家子一家子的人出来。有两种差异特别明显的人，第一种人出来，用手护着推车上的物品，一手推车两眼不离物品。第二种人出来，两肘推把手，两眼不看商品，双手扯着购物清单逐项在审看。购物单上信息很多，他们核对着价格、数量、打折是否到位、赠品是否真的免费了。

第一种人关心的是自己已购到的物品，计算机算过已付款的东西不能少了。第二种人关心的是淘到了更便宜的东西，承诺给我打折、赠送的东西不会是在唬人吧？购物车上的东西不重要，重要的是清单上的名目是不是清楚，他们在逐项对应。

选股既不能像第一种人，只关心到手的东西，也不能像第二种人只

看噱头，为了赠品、折扣买物品。

庄家不放噱头怎么赚钱，每个人要选择自己能承受的股票和庄家共舞。蔬菜、零食、水果、洗涤用品、小电器、化妆品，价格依次上升，选择的方法也不一样。每个人到超市都有自己选择不同商品的侧重点，是因为我们购物选择所需的一些本能、原始的认知方式就已经足够了。看、摸、嗅，加上以往我们的购物经验，就可以做出基本正确的判断。而股票的选择就没有那么简单，但一个最基本的方法就是要选择我们自己经济能力所能承受的价格，不然每天股票的波动会影响我们的正确判断。我的一个朋友前几年听信他人高价股就会有高收益的说法，200元左右买了一两千股茅台股票，每天的波动都心惊肉跳，小涨就抛，大跌就割肉，完全没有一个正确的判断，两三个月时间亏损了一大半，灰头土脸地出来了。茅台总体是盈利的，但一个账户只有五六十万元的散户，是承受不了这么高的高价股的大幅波动的。选股就要选择我们能承受的股票价格，不要让它影响我们的本能判断。

2016.10

2-2 不要担心买不到你要的价位的股票，用时间换空间是散户耐心等待的基本战术，散户要有周期是变化的理念

著名战争理论著作《论持久战》里关于中日力量对比，敌强我弱如何转化成我强敌弱，有一个著名观点：以时间换空间。日本是侵略者，是非正义的一方，中国是正义的一方，地利、人和都站在我们这一边，

假以时日柔弱的中国一定能打败日本帝国主义的侵略者。

散户和庄家虽然不是敌我关系，却是力量对比悬殊的强弱关系。我一直在强调弱小的散户不是要战胜庄家，而是要与庄共舞，保护好自己，收获利润。

许多散户看好一只股票时，往往发现又涨了，怕再涨，它还真就涨了，于是耐不住性子，冲了进去，结果被套住了。发现了好股票，先到自己的自选股票中，设置好价位预警提示，让时间去发酵，不到那个价位可以不去理它。这就是散户时间换空间的理论，优势没有转化到我这一边时，我可以不作为，这就叫改变不了世界，可以改变自己。

散户一定要有周期是变化着的理念。首先要知道周期不是一成不变的，你观察到的并作为投资依据的周期，可能很快被另一种周期主导、替代。有段相声说：你以为你以为的就是你以为的，根本不是那么回事。

其次，我们散户买到手的股票，大多数周期波幅太窄，根本没有足够的波幅空间来产生盈利，承受力成了我们唯一要具备的心理素质。再则，炒股炒成股东后，感觉满世界都是上涨的股票，就自己这只股票死在那不动，唯一动的就是时间。选股的重要性不能每次只当教训给自己上课，而要成为经验修炼自己。优势没有转到自己这一边时，可以不交易，我们说过，庄家的弱势就是不能强迫我们交易。优势转化到自己这一边了，散户就做到了领先一步。

2016年年底至2017年年初，我发现几只好股票，其中就有常山药业（300255）、仁和药业（000650）、阳光照明（600261），均设置了预警价位7.18元、6.48元（吉祥数）、7.10元（比阶段性低价高0.01元）。结果这些价位都出现了，而我基本都是平均高出设定预警价格30%~40%买入的，老觉得这么好的股票不抢入仓中太可惜了。放弃了最初的价格设定，一而再再而三地提高买入价，以致仁和药业现在还处在被套中。

2017.4.20

2-3 利用隔夜委托的优势（也是劣势），等待股票大的波动，来买入卖出

美国短线交易之王拉里·威廉斯在《短线交易秘诀》之中，教给我们如何看明白技术分析曲线。他将曲线图分为大区间和小区间，波动大的为大区间，波动小的为小区间，"小区间产生大区间，大区间产生小区间。周期在全年内不断循环往复，大区间小区间相互追随，这是短线交易的基本规则。"实际上也是长线交易的基本规则。

"市场最吸引公众的地方就在于价格的巨大变化"，但我们"通常错误地认为当前大的价格变化会持续"。"短线绝大部分交易者都是失败者，失败的原因在于，他们从一个炙手可热的市场进入另一个热门市场（逐热点的追高者，像狗熊掰棒子一样，忙着给这个割肉，再高位买入那个）。""完全不懂价格为什么波动，价格如何在价格图上移动。""了解规则的少数人会反向操作。"

我们散户就要做那个反向操作的人，我们选定一只或几只股票要买入，我们就在前一晚将股票价格挂在已进入低点的小区间，再低3%~8%位置，等待第二天低点买入，这样我们就能买到阶段性最低价位的股票，我们的胜算就大多了。反之我们要卖出一只或几只股票，我们就在前一晚将股票价格挂在已进入高点的大区间，再高5%~10%位置，等待第二

二　选股

天高位卖出，我们就会有个好收成。

隔夜委托工具的使用，让我们散户能克制想马上以现价买入卖出这只股票的冲动。

2016.12

2-4　阶梯式吸货和抛售——宁夏葡萄酒产区列级酒庄管理制度选择带来的启示

中国的葡萄酒种植和生产从 20 世纪 80 年代由河北、山东向全国蔓延，有许多省区都把葡萄酒产业作为农业产业结构调整和工业产业转型的战略选择，但多数省区选择了工业化生产管理方式，而宁夏贺兰山东麓葡萄酒产区选择了列级酒庄管理制度。30 多年过去了，宁夏贺兰山东麓产区在国际上的影响不断扩大，产区也勃勃生机，中国所有的葡萄酒上市公司都在宁夏建有自己的酒庄，而多数工业化生产方式的葡萄酒产区却经营困难。这个案例告诉我们，貌似是相同的农业种植和工业生产，其实每一行业都不一样，都有自己区别他人的个性。葡萄酒文化的鲜明个性，决定了它的中高端产品很少来自工业流水线，而是来自不同文化风格的各类酒庄。

股市中也是这样，我们散户一进股市就被红红绿绿的大盘震懵了，但看着看着感觉每只股票都一样，不就是涨涨跌跌嘛。以为自己是进了盘丝洞的猪八戒，逮着的都是美女。其实不然，每一只股票都是一个独立的个体，虽然有行业、板块一说，但每只股票的买入时机、持仓成本，决定了你的抛售机遇。不要随大流，领先一步是你的制胜法宝。认真从行业、板块中筛选出优质品种，对比出性价比最适合散户的品种，比如2016—2017年的医药股，一直处于价值投资区。

买了股票后，不要以为自己就娶到了七仙女，要知道世间有男女，股票也一样有涨跌。男女都很多，七仙女只有七个，娶到仙女的也只有董永一人，不要指望这一只股票托付终身，我们是普通人，买到的也一定是普通股票，要认真分析操作。

买入是胆略，既要价格越低越好，又要看个体投资价值，一旦认准了，就要敢于下单。卖出是智慧，要阶梯式抛售，放大自己的持仓胆量，获取最大收益。阶梯式价格吸货或抛售是散户要掌握的基本操作手段之一。

2017.2

2-5 跟踪一些低价股，钱少也有操作的空间

我们建议散户少碰30元以上的股票，手里要长期跟踪一些低价股，这也是我们的资金实力迫使我们做出的选择。

我们所说的低价股，指的是3元左右及以下的股票，而且在这样的价位设定中，还不能放弃我们常常要求的市盈率在30倍以下的原则，最好还是题材股。许多散户都觉得不可能。

我的一个朋友持有中信证券七八年后解套，将近80万的资金在不到半年的时间中，折腾得只剩了40万左右了。2016年年底问我，有什么低价股可以买，我说我看看，你已经输不起了，我得认真研究研究。

2017年年初，我建议他买点旗滨集团（601636），他研究了两天，给我说不怎么样，不值得买。我说职工持股计划的股票比现在都高出20%多，你买入就比职工多赚了20%多，你还要怎样？何况公司预计2017年收益会有大幅增长。后来的事实证明我的判断基本上是正确的，2017年7月股价最高到了5.69元。现在依然在5元以上。

从低价股中发现端倪，就像掘金一样让人舒坦。几年前浏览低价股，发现美好集团（000667），现在叫美好置业，曾经还叫名流置业。我在南方许多省份见到过名流置业地产的身影，现在房地产业虽然不如以前了，但瘦死的骆驼比马大，何况它的股价只有1元多。于是3万多元买入了近2万股美好集团，结果2015年6月，它最高涨到了9.88元，现在依然在三四元左右。

赚钱就是在大多数人认为不可能的状态中，才有可能赚到钱，如果大家都认为可以赚到钱的时候，也就是危险到来的时候。

这一段时间，我又在给散户设定的框架下，跟踪着这样几只股票，它们是远兴能源（000683）、京东方A（000725）、利欧股份（002131）以及和邦生物（603077）。如果大家感兴趣，可以研究研究看看。

2017.9.13

2-6 从破净股中捞出优质股，2017年9月1日中联重科终于交出一份让人满意的半年报

2017年8月21日，新华社发了一条不足100字的消息——《接受维修，"大本钟"将静音4年》，消息全文如下：8月21日，在英国伦敦，

一名游客在"大本钟"前自拍。21日中午12时，英国伦敦地标性建筑"大本钟"在接受大修前最后一次报时，今后4年大部分时间将处于静音模式。

读了之后很感慨，联想到中央电视台这一年多来不断播放的长纪录片《世纪工程》，那些庞大的工程不就用了几年或十几年就建成了？修一个钟就要4年，英国人这是什么工作效率？

2013年9月，由中国中铁公司开工建设的乌兹别克斯坦安帕铁路线卡姆奇克隧道，设计工期是3年，但只用了900天，就建成了全长19.2千米，开挖主、辅隧道47.3千米的大型工程。中国人的建设速度再次让人叹服。

每每看到大工程，就让我想到持有的大型工程所需的重型建筑机械股票——中联重科，我无数次地对它寄予厚望，它也曾给予我回报，但很快就跌入深渊。我的持仓成本是6.318元，它最低跌到了4元左右，历史上它的最高价位可是63.80元啊！

我在买入它时，看到它和它的对手三一重工占有全世界重型建筑机械2/3的市场，在国外设立研究设计机构，俨然就是世界级的重型建筑机械行业的领跑者，呼风唤雨。可是它几年来给予股民除了每年一次的分红以外，再也没有任何回报。

但我依然对它情有独钟，现在世界上的大工程，2/3的建设者是中国人、中国公司，所用的重型建筑机械也大部分是中国生产的，时时都能看到中联重科的身影。

2017年9月1日，中联重科半年报（修订版）公布，每股净资产4.8477元，每股收益0.15元。截至9月1日收盘，中联重科股价为4.61元，依然处于破净状态。我的持仓成本还是6.318元。

散户尤其要关注跌破净资产值的股票，这些股票的价格已经低到资可以抵债了，几乎就没有什么风险可言。我们散户要善于从这些破净股中捞出优质股，排除了一切风险的股票，收益那只是时间问题了。

2017.9.1

2-7 散户跟踪有创新能力的上市公司是我们选股的必备条件之一

2017年10月24日，中国共产党第十九次代表大会胜利闭幕了，十九大为中国的下一个30年制定了非常明确的发展目标和宏伟蓝图，让人无比振奋，国内外好评如潮。

中央电视台在境内外做了大量采访报道，给我印象最深的是采访意大利前总理达莱马时，他说的两句话："中国已不再是当年的'世界工厂'了，而是世界经济传统强国的有力竞争者。"

举两个事实，来印证他说的话。

1. 2017年9月29日兰渝铁路全线通车，873千米长的中国第3条南北大通道历经9年建成，90%以上的路段由桥、涵洞、隧道组成，没有人能相信在这样的地质条件下可以修建这么长的铁路，中国人做到了，可以说每一千米都包含着创新理念和技术的应用。在胡麻岭隧道挖掘时，德国专家已经下了"人类不可能在这种地质中打隧道"的结论，中国人硬是6年掘进了173米，让阻隔变为通途，让"奇迹本就是用来创造的"在兰渝铁路再现。

2. 2017年10月13日，中国上海获得了2021年第46届世界技能大赛的举办权。在阿联酋阿布扎比举办的第44届世界技能大赛上，中国是奖牌榜的第一名，中国选手也获得了金牌。世界技能大赛是衡量国际竞争力和创新能力的一个准绳，它将技能人才视为体现经济成就的标志。评审团的一位专家赞赏地说："中国选手是被认真挑选并做了最充分准备的，未来的标准将由中国人确定。"

制定标准和规则那是强者的作为，是创新的最高领域。

我在以前说过我曾买到过两只好股票，其中一只就是隆基股份（601012）。隆基股份就是一个典型的创新型上市公司。2014年开始买入，一年左右的时间，给我带来了近20万元的收入，比投入增长了80%。我的持仓成本是13元多，平均卖出价格是24元多，最高卖出价是27元多，2017年10月25日它的收盘价是30.40元，这就是创新能力给公司带来的雄厚实力。

现在我不断地买入的另一只股票也是一个创新型公司，就是最近我经常提到的阳光照明（600261）。光源全面进入节能高效、LED时代是大趋势，这家公司就是身处这一创新变革时代的公司。而且2017年10月以来，该公司股票价格不断创出阶段性新低，正是买入的好时机。

创新应用是中国经济实力显著增强的重要标志，散户跟踪有创新应用能力的上市公司是我们选股的必备条件之一，将来一定会有丰厚回报的。

2021年，素有"技能奥林匹克"之称的"世界技能大赛"就要在中国上海举办了。4年后，中国这个不一样的创新型国家、创新型应用国家，一定会让世界耳目一新的。

2017.10.25

2-8 散户能否参与白马股的搏杀

先讲讲自己的亲身经历。2015年10月在海南三亚度假，朋友领着看了两个万科的楼盘，品质好、环境好，销售也好。在售楼部看着热卖的楼盘，脑子里还想着回家查看查看万科A股，但一忙就忘到了脑后。后来再想参与时感觉价格已高、时机已过。冷静下来仔细想想，这时已和散户没有关系了。

散户在股市中不要高估自己，我们在股市中连惊弓之鸟都不如，惊弓之鸟在天上还能看见自己的身影。散户如同草原上的食草动物，看似是草原的主人，事实是没有一寸领地，只有食肉动物屠戮过的战场，那斑斑血迹，才能证明我们存在过。

这样的弱势群体就不要想占有林草丰盛的家园，那是人人看得见的白马，千万不要骑，骑上就是难下的老虎。更不要想占有一点林中的富有家园——水潭，想有吃有喝，犹如骑上一匹黑马，从此过上好日子，那就是陷阱，水潭的水草看上去越茂盛，那也就是庄家给你准备的最后的晚餐。君不见，水潭边上狮、象搏杀的身影吗？庄家的"尸体"在那都可以见到，何况散户呢？

白马股，散户要用发现黑马股的精神寻找，找到了这样的白马股，不妨参与参与。例如直到今天（2017.4.18）依然是"白马"的伊利股份（600887）、阳光照明（600261）、常山药业（300255）和仁和药业（000650）。

2017.4.18

2-9 散户的持仓永远是股市中的个案，在洪涝中抗旱是散户的基本特征

记得在 2015 年上证股票指数上涨到超过了 5000 点时，央视记者采访北京某证券交易大厅的一个大妈，大妈指着自己的仓位说：我的股票怎么都还绿着呢？

这就是股市中散户的基本现实，有时大盘和我们没有关系。散户进入股市就是选择了一种生活方式，让自己活得舒适是最重要的，因而防范风险是头等大事。只有防范住了风险，大势好的时候我们才能多赚到钱，大势不好时我们才能少亏点钱。

最近大盘在 3300 点上下横盘多日，网上的评论说 3400 点是上证指数的魔咒，难以突破。如果突破了，就会很快越过 3500 点，如果突破不了，就会向下深度调整。这些话听上去好像跟没说一样，指数本来就只有向上向下两条道。

那为什么我们还一再强调散户除了要关心个股以外，还有关注大盘指数呢？因为大盘指数是股市的方向、是股市的温度计，我们要把握方向、感受股市波动的力度就要关心指数的涨跌变化。

最近股指虽然在 3000 多点盘整，但股指的底部在慢慢抬高是不争的事实，我们持仓的总资产减少的速度在放缓，甚至是逐步增加，这就叫指数回暖。在这样的状态下，做多应该是我们的正确选择。

散户资金少，要想赚钱，持有股票是我们唯一的方式，不要听一些人说要二八比例控制仓位。钱是定数，只有股票才是变数，才能给散户带来收益。散户那点钱即使是二八仓位也控制不了风险，更

二 选股

救不了散户的亏空。散户控制风险的方式就是关口前移,选股时慎之又慎。

散户踏空比做多套牢还要难受,股市就像不同地域的不同气候一样,大面积的洪涝,依然有一些地方在抗旱,我们往往是洪涝中的抗旱者。我们散户一定要在谨慎选股后大胆持有,不要苦等多年后,猪都飞到天上的风口来了,我们手里却连一只死猪都没有。

股市指数永远都是在人们的恐惧中前行,我们散户一定要有承受能力,用一句前几年医药广告界的流行语来激励我们,那就是:别看广告,看疗效!

2017.9.14

2-10 税收数据大体和资本市场股票市盈率形成对应关系

市盈率是上市公司经营的重要指标,是上市公司是否有能力回报股民的重要标志,是上市公司如果全额回报股民的数量计算周期,随着股价的变动它也在变动,因此是动态市盈率。散户在选股时一定要关注它,不仅要关注它的当下,还要关注它的过去和未来,以判断自己能否投资。如果自己有点迷糊,还不清楚怎么下判断,就洗洗手、洗个澡,整理一下自己的思路,从头再来。此为大事,需慎之又慎!

新华社记者2017年10月27日从国家税务总局获悉,今年前三季,全国税务部门组织税收收入99237亿元(已扣减出口退税),同比增长10.6%。

031

税收数据折射出我国当前经济发展的四大亮点。首先是税收收入增长动力较强，反映实体经济发展持续向好。前三季度，工业税收增长19.9%，改变了近年来低速增长态势。此外，传统消费行业中的批发零售业税收增长22.6%，体育、教育、文化艺术等行业税收分别增长45.6%、34.4%、29.8%，反映居民消费结构持续优化升级。

其次，高端制造业和新兴产业税收增长较快，反映产业发展新动能不断积聚。前三季度，高端制造业中，通用设备、通信设备、专业设备等行业税收分别增长26.7%、23.1%和19.9%，均快于制造业税收平均增速。新兴产业中，互联网和相关服务业税收增长56.1%，软件和信息技术服务业税收增长36.3%，反映新兴产业快速成长。

再者是传统行业税收增速回升，反映经济转型升级成效显现。前三季度，纺织、服装服饰等传统行业税收分别增长11.7%和11.2%，比去年同期增速明显提高。煤炭开采、钢铁、石油和非金属矿物制品等资源类市场回暖明显，带动相关行业税收延续了上半年快速增长的势头。

最后是区域税收平稳较快增长，反映区域协调性进一步增强。

阅读完这条消息，我感到十分震惊。文章提到的税收高速增长领域和行业，几乎囊括了股市市盈率不足30倍的所有上市公司股票的经营行当，无一漏网。社会市场经济大环境如此精确地折射出股市资本小环境，再一次验证了股市是经济发展晴雨表这一论断的正确性。

散户如果有兴趣，可以把市盈率不足30倍的股票列出来，对照着看看，是不是如此。

让我真切感受到这种变化的，是我买的10800股华联综超（600361）在2017年上半年扭亏为盈了，买时看中的是它说要触网进入物流业。后来几家快递业借壳火爆上市，股价一飞冲天，我仿佛看到了华联综超的未来，我也希望华联综超物流链早日建成，业绩再好一点，让我早日解套，2017年有个好的收成。

2017.11.2

2-11 不要听信内部可靠的消息，你可能是最后一个获得这个消息的人

股票市场是一个瞬息万变的市场，所以它和新闻紧密相连，甚至它本身就是新闻源。新闻对股票市场的影响是显而易见的。

股票市场各种消息满天飞，尤其是可靠的内部消息，吸引着方方面面博弈者的神经，不信吧有时确实是真的，信吧大多数是似是而非或假的。

根据前人的经验，短期内，技术分析理论发挥作用。但长期看，还是要面对现实。这就是为什么股市黑嘴有市场，可大多又说不准的原因。

我们要把新闻影响股市看成正常现象，新闻和天气一样迅速而不可能准确预测。听后要根据自己的持仓股票现状认真分析，得出自己的结论。

告诉我们可靠内部消息的人、接近信息源的人，可能已经提前布局仓位了。

我们可能是这一信息链上最后一个获得消息的人，我们得到时，已经没有什么价值了，或许反而成了别人设局的棋子。

2011年4~5月，我的同事告诉我天利高新（600339）有可靠的内部消息，要重组，股价要翻番，可能要超过30元，13元左右都可以吃进，

当时最高是 17.96 元，历史最高价是 19.37 元。我分析后感觉 9 元以下买入还值，但架不住同事的天天推荐，在 11 元左右开始买入，没过几天就分红派送，10 股派了 1.5 元、送了 1 股。2015 年 3~7 月涨到 11~13.1 元，卖掉了一点。现在我的持仓成本价（2017 年 4 月 16 日）是 9.212 元，市场价是 7.380 元，还在深套中。天利高新的名称也变成了 *ST 天利、*ST 油工。重组的消息也兑现了，还是大动作重组。目前得到的可靠消息是有盈利了，要摘帽了，但离当年期望股价 30 元的目标，不知要到何年何月，近期目标还是解套吧！

2017.4.21

2-12　没有灵丹妙药，只有冷静观察与分析

　　散户选股，不是想听到内部消息，就是想讨到灵丹妙药，让自己能选上几十年一遇的黄金股，像中了彩票一样发财。世上哪有此等好事！

　　国际上对情报数据来源的分析得出结果，靠黑客和情报人员的努力获得的信息不足 20%，80% 多的信息都是靠公开数据分析获得的。

　　情报机构尚且如此，我们散户更不要指望获取特殊信息了，唯有像情报机构那样勤勤恳恳地搜集公开信息，认认真真地分析公开信息，才能得出自己的正确结论。

　　2017 年 4 月 18 日，我写了一篇《散户能否参与白马股的搏杀》的文章，在里面讨论了 4 只白马股，它们分别是伊利股份（600887）、阳光照明（600261）、常山药业（300255）和仁和药业（000650）。4 个多月过去

了，事实证明大部分分析是正确的。得出这样的结论，全部依据的是公开信息和长期对这几只股票的追踪与观察。你搜集的资料大体是可信的，你用心了，你的判断就不会有太大的出入。

2017年9月1日凌晨2点29分，《证券日报》发表见习记者龚梦泽的文章——《长城汽车流动资产缩至444亿，收购Jeep仍是一厢情愿》。难道这又是一个吉利李书福收购沃尔沃的案件？听上去困难重重，似乎只能当小道消息听听，但我们回头想想，当年李书福不是也演绎了蛇吞象的神话吗？吉利的今天和过去还能同日而语吗？

据我多年观察，长城汽车股份有限公司是经营风格非常稳健的公司，海外市场的开拓名列国内所有汽车公司的第一。这篇文章说由于收入的下降、利润的缩水，资产总额只有444亿了。一个2011年9月28日上市的公司，当时注册资本只有912726.9万元，总股本只有304242.3万股，6年时间已经扩张成这样了，还要它如何强大呢？

一旦和Jeep合作成功了，长城汽车股份有限公司的未来不可想象。机构早已进入，汇金、社保也已持股，关键是还有一点，公司的所在地是保定，它离雄安新区不远哦！

2017.9.1

2-13 3000~300~30~3只，选到一只好股票是缘分，不要轻易抛弃给你带来盈利的股票

英国脱欧了，从闹哄哄的议论到公投，到公投出结果，再到首相向欧盟总部写出"分手信"，欧盟说要"分手费"以杀鸡给猴看，不然人

人都要脱欧，这欧还能叫欧吗？联姻不易，分手更难，藕断丝连啊！

在一起就是缘分，我记得我所工作的那个省份，有个省级的大领导得了一场大病，要不是上海的大医院高超的医疗技术，就已经不在了。他上班后，在一次领导干部大会上十分动情地说：在一起工作就是一种缘分，要珍惜！当时听了深受感动，觉得不但温馨，还非常有哲理。

买到一只好股票，也是缘分。我历史上曾买到过两只好股票，一只是利欧股份（002131），一只是隆基股份（601012）。利欧股份好像是2007年、2008年的事，当时我从事农村电影管理工作，国家实施农村电影"2131工程"，这个股票的代码就是002131，我们省农村电影是全国的先进典型，我想这只股票是这个代码，一定是一种缘分，下决心第二天买入，谁知第二天讲课，课间休息一看涨停了，12元多了，但还是追了进去，尽管后来起起落落，最终的结果是这只股票给我带来了30多万的收益，比投入翻了三番。隆基股份是2014年十一后我在西安出差，看到报道隆基股份生产的光伏多晶硅片可以替代进口产品，价格便宜了70%，并且要在我的家乡宁夏投资生产线，建基地、设总部，我觉得该公司的实业基础非常雄厚。我的一位小学同学20世纪70年代一参加工作，就做的是手磨生产单晶硅片的工作，单晶硅和多晶硅宁夏都应该有原料吧？！不然该公司进宁夏干什么？于是开始买入，一年左右的时间，给我带来了近20万的收入，比投入增长了80%。

这两只股票到现在我依然在关注。两只股盘子都不大，利欧股份2007年上市到现在只扩张了2次，只有16.1亿，流通8.87亿。隆基股份2012年上市扩张了3次，也只有20亿，流通17.6亿。市值管理措施也非常到位，证明高管也是有头脑的人。我和这两只股票肯定会再续前缘的。

2017.4.19

2-14 关注国庆、中秋前后的消费行业热点

国庆节、中秋节马上就要到了，节前看来就在3350点左右这样盘整了，有人说向下要击穿3200点，有人说向上要突破3500点，在我看来可能性都不大。

后来人们又纷纷开始预测节后的走势，有人列出了2006—2016年国庆节前后的走势，说，你看11年里10年都是上涨的，只有2008年全球大股灾的那一年是下跌的，推断的结果是2017年国庆中秋节后也应该是上涨的。

人们的愿望是好的，喜迎"金九银十"，"金九"没有下跌，"银十"应该有所回报。但愿望终归是愿望，每一年的节后都不是上一年的重复。

节日，是农耕时代的人们在艰苦劳作的岁月中，设立的周期性消费档期，哪怕再艰难也要吃点好的、穿点好的、添置点新东西。为迎接下一个节日振奋精神，为苦难而平淡的生活增加色彩。

《经济日报》2017年9月17日报道：今年上半年内需对我国经济增长的贡献率为96.1%，其中，消费和投资分别贡献63.4%和32.7%。消费和投资的稳步增长，尤其是消费品市场规模的进一步扩大，对制造业乃至整个实体经济以及百姓生活都产生了积极影响，意味着我国消费驱动型发展模式初步形成。

消费引领生产、生活是经济良性循环的重要特征，也是小康国家的重要标志。一个具有消费能力的国家，对他国来说就是具有购买力的国家，也就具有了世界市场资源的配置和购买能力，这样的国家和国民对

生活的追求和品质的要求将是国际范的。

在这样的眼光和理念主导下的消费，有三个大的方面会受到追捧。首先是节约时间、减轻劳作压力的智能生产生活产品和便捷通信产品；其次是开阔视野提升生活品质的绿色健康旅游产业；再者是丰富百姓生活增强体魄的文化体育产业。这也就是国家提出的供给侧改革，以及百姓要求的消费品升级换代。

上市公司在这几方面的努力，一定会获得回报的，也会成为市场追逐的热点。国庆节、中秋节前后正是这些消费行业热点爆发的好时机，散户可以重点关注。

2017.9.26

2-15 如何正确对待股市评论

散户的信息来源十分有限，搜罗各种消息是散户的普遍做法，大多数人还特别喜欢一些具有煽动性的特殊消息。对于股市里的信息，我们多次提醒散户要慎之又慎地采纳，要分析消化后才能作为操作指南。

股市是最不缺乏消息的地方，掀起热点、制造焦点都需要消息的配合。散户在这纷繁复杂的局面中反而需要的是详细分析、冷静思考。

有这样三类消息需认真对待：

1. 对个股评价性的信息，不要太认真，以免受到其推荐式的灌输与左右。

2. 对板块、热点分析性的信息，尽量要全面阅读，以期发现对我们有用的信息。比如说 2017 年 6~8 月，许多机构对上证 50 指数股热点能否持续的分析。

3. 对基本数据性的信息，要认真阅读，同时逐项与我们的持仓股票、自选个股列表、近期追踪的股票加以对照，得出自己的分析结论。

比如从破净股列表中，捞出有价值的低价股；

从涨停板复盘或图解涨停板中，发现热点板块和热点动向；

从境外资本在 A 股中的购买情况，发现国际资本嗅到的价值投资区域；

从社保资金的持股情况，发现具有长线投资品质的股票；

从沪港通、深港通资金购买 A 股的情况，发现港股与内地股市差异带来的联动预警效应；

从年报公布前的业绩预增个股列表中，发现后启动的优质个股。

这些不同渠道透露出的股票基本数据性信息，才是我们散户要认真对待、加以分析采纳的有用消息。

2017.10.6

三　操作心态

3-1　这里是股市疗伤室

不要把我当作成功的散户，寄希望于让我指点江山、指引方向。这里是股市疗伤室，我就是一名护理员、一位心理医疗师。我是来劝退的、劝撤的。我的药方就是九个字：克制欲望，练就承受力。中国人爱说"不知道自己吃几碗干饭吗？""没有金刚钻，就不要揽瓷器活。""不是武松，就不要过景阳冈。"如果有以下情况的，我要劝你不要入股市。

1. 欲望太强的。手里持有的股票价格已经翻了一番，还想要再翻番的，不要入股市。

2. 承受能力太差的。跌了 1 万就睡不着觉的，跌了 3 万就感觉人生灰暗的，不要入股市。

3. 资本少于 30 万。不够操心的数量，或认为没几个钱不愿操心的，不要入股市。

4. 没有一点经济学常识的。仅有一点银行储蓄知识的，不要入股市。

5. 借钱炒股的。根基太弱，遇涨与跌都挺不住的，不要入股市。

6. 拿家里吃饭钱、买房钱的。顾虑太多，亲人干扰太多，赚点蝇头小利就跑，频繁操作，最终只能是被套牢，不要入股市。

7. 赔了钱不心痛的。败家子，屡战屡败，还不明就里地越挫越勇，只讲自己在某只股票上过五关斩六将的辉煌，却对满仓走麦城的凋敝景象视而不见的，不要入股市。

8. 情绪化、胆汁质性格的。股市里炒的是概念，就是推波助澜地煽动情绪。昨天是高科技、互联网络、云计算大数据概念，今天是新能源、锂电池、生物医药概念，明天是影视文化产品、自贸区、雄安新区概念。浪潮总是一波接着一波，情绪容易激动的"韭菜们"不要入股市，挨割是必然的！

2017.4.26

3-2 你的股市梦想是赚 100 万吗

许多散户会说，我要是赚到了 100 万现金，我就不会再炒股了，就收手不干了。

其实你错了，你有百万元现金之时，也可能是你对资本认识的刚刚开始。资本的逐利性、贪婪性，资本在大赢利、大亏损的前夜爆发出的疯狂和战栗，都会让人刻骨铭心。还记得中国股市 2006 年 8 月 1541.41 点、2007 年 10 月 6124.04 点、2008 年 10 月 1664.93 点、2009 年 8 月 3478.01 点、2013 年 6 月 1849.65 点、2015 年 6 月 5178.19 点、2016 年 1 月 2638.30 点吗？

还记得银广夏二三十涨停板吗？股市里十几个涨、跌停板的现象很常见。

资本在市场中的翻滚，让我们看到了不一样的精彩人生。人生赔不起的是时间，股市赔不起的是金钱。真的赚到了 100 万，我们已经投入了时间，获得的收益是时间、金钱的回报，我们已经百炼成钢了，再入火海就凤凰涅槃了，怎么可能收手啊！

2016.11

3-3 不要相信股市里 8 万变 300 万的神话，你看见股市里有这样的天梯吗

股市里有天梯吗？有！和散户有关系吗？没有。不要相信网络上说某某 8 万入市，几年变成了 300 多万。不要说 300 多万，30 多万都是惊人的数字，那可是 400% 的收益。300 多万，4000% 的收益可媲美天方夜谭。

有 300% 的利润，它（资本）就敢犯任何罪行，甚至绞首的危险。网络、证券公司、上市公司、基金公司、大户、庄家、股市黑嘴，这些股市中的强者，不编这样的神话、童话，散户能蜂拥而至吗？

人都是听着神话、童话长大的，没有这样美好的时代，就没有童年

的快乐成长，但你见谁是靠着神话、童话成才的？神话和童话创造了美好世界，启迪了我们的梦想，我们是在梦想中一步步踏入现实的。我们是怀揣着梦想，保持着童心，去开拓我们的事业。但千万不能沉溺于神话、童话中，幻想丑小鸭变成白天鹅、白马王子骑马而至一吻从此过着幸福的生活、阿里巴巴芝麻开门吧！天下宝物随便拿。醒醒吧！给你个天梯都不要轻易爬。

2017.1.18

3-4 调整心情到快乐频道，就会发现股票交易的关联因素

歌曲《大王派我来巡山》，唱得是一个小妖精的快乐心情，入股市做股民也是一样，要做一个快乐的股民，每天要巡视若干公司，查看若干股票，要是能"抓个和尚做晚餐"那就太好了。

入股市做股民就是一种生活方式，快乐是非常重要的，生活要轻松愉快，股市冲浪也要做一个心情愉快的弄潮儿。

炒股也炒的是心态、炒的是心情，要快乐，不要被坏情绪左右。大势好了，要抓住机会扩张；大势不好，要有能挑拣出赚钱个股的水准。没有一片黑暗的大盘，也没有不见天日的个股，三十年河东，三十年河西，风水轮流转。

每个生命的陨落都有定数，这不是宿命，这是自然规律。每只股票也是如此，高抛低吸是理想，时时刻刻都踏在节点上那是梦想。赚够自己的就可以了，哪怕风口的猪飞上了天，那也不是你的，和你没有半毛

钱的关系，所以不要纠结。

2016年12月11日，中央电视台《新闻30分》报道，中国科学家从缅甸琥珀中发现带有羽毛的恐龙尾巴化石标本，清晰可见的羽毛纹路进一步佐证了鸟是恐龙的后代。这一巨大落差式演化而来的过程，让人觉得不可思议。

散户要善于发现自己持有的股票板块与相关板块的联动关系，进而逐步探讨相互持股的状态。从而在某一只股票启动后，相关、相持另一类股票的后联动趋势，在它启动前抓住它。

好的心情让我们想入股市、想赚钱、想去钻研股票资料。钻进去了，一定会有收获。人们常说快乐的人，运气不会差的！要不然怎么全社会都在喊和气生财！

2016.12.12

3-5 观"银发族"炒股有感

2017年4月中下旬到湖南长沙度假，同时和湖南广电经济广播频道商议《一个散户的股海生存法则》的节目合作。赶上了2017年4月7日3295.19点到2017年4月25日3111.22点阶段性探底。在酒店看湖南经济频道、都市频道播报股市信息，镜头里有股民在营业大厅操作的画面，电脑两侧两排银发老人目光呆滞的镜头，让人印象深刻。

我的主张是要把炒股作为一种生活状态，不要拿它作为赚钱的渠道和工具，那样会很累很累。

三 操作心态

由此我想到了20世纪90年代，在各大城市兴起的公园相亲角现象。相亲的成功率相当得低，为什么直到今天这些父母们依然乐此不疲？我曾在十几年前探访过北京玉渊潭公园，去年（2016年）探访过上海人民公园。无论是挂在树上、立在牌子上的儿女征婚信息，还是顶在遮阳伞的儿女征婚信息，手段基本一样，我得出来的结论也是一样的：儿女征婚和儿女没有任何关系，征婚只是个由头，甚至是噱头，是寂寞的父母们的大聚会、大联欢。

这就对啦！古人都说儿孙自有儿孙福，莫为儿孙做马牛。返回头想，父母的快乐健康是不是儿女的幸福？当然是啦！如果能顺带着促成一两桩儿女的婚事不是锦上添花吗？所以现在大小城市的父母们都乐此不疲，公园相亲活动也经久不衰，甚至还有愈演愈烈之势。

"银发族"股民要学习他们，到证券大厅那是聚会，那是快乐的聊天，不是去听小道消息煎熬地去赚钱，这样目光呆滞地遥望大盘的状态不是我们要的生活。我们脱离寂寞如果是以金钱作为代价，那就不仅仅是寂寞，而是痛苦之后伤痕累累的欲说还休。

利用隔夜委托提供的便利，我们好好做做功课，冷静思考，挂上我们希望买入卖出的股票，第二天去营业大厅多看少动，不要轻易修改自己昨晚冷静思考的结果。去了就快快乐乐地和老朋友、老股民聊聊天，让自己的一天丰富快乐就好，不要让自己生活在大盘的波动焦虑之中。

2017.4.25

3-6 惊弓之鸟和犀牛喘月

在股票市场除了羊群效应和庄家的割韭菜现象以外，大多数就是散户自己吓自己的惊弓之鸟现象，听到一点风吹草动，别人还没有怎么样，庄家更没有行动，就剁手、削脚、砍腿，最后是割肉将自己先放倒。

这种现象就是过去在股市中屡次受过伤，以至于忘记了股市的基本现象就是波动，就像晒怕了的水牛，见了月亮都要热得大口喘气。

有些股票非常好，比如说风神股份，优质的白马股，又有重组题材，还是国企改革概念股。就因为投资、并购行为，会计统计记账的算法不同，形成了阶段性亏损，就疯传做假账。股票就从2017年1月24日12.02元跌到了2017年6月2日6.96元，短短4个月跌去了40%多。我细细地看了已有的资料，感觉风神股份的基本面并没有发生太大的变化，重组扩大了市场占有率，拥有了一定的市场定价主动权，可能还会带来巨大的利润增长空间。散户不明就里地割肉，你看到了什么？

散户是弱小的，跑得快了就强大了吗？这是不可能的，伤痕累累地跑，不仅是弱小的还是可怜的。

2017.6.9

3-7 不要对股市期望值过高

人类脱离动物界以后最大的痛苦就是有了欲望。西方神话里说，潘多拉打开了人类灾难的盒子，放出许多灾难，等到想关闭时，盒子里只捂住了希望。人类对未来的希望是我们活下去众多理由中的最重要的理由，但人人都想活的和别人不一样，于是生活的希望变成了人生的欲望。

对股市收益的期望不要太高，每年跑赢银行利息2~4倍就可以了，达到10%左右的收益就不错了。记住：不是一年，是每年。大势好人人能做到，大势不好，你能做到吗？

每年10%的增长是个什么概念，比如说我们原始投资是100万，第一年就是110万，第二年就是121万，第三年就是133.1万，第四年就是146.41万，第五年就是161.05万，第六年177.16万，第七年就是194.88万，第八年就是214.37万。再不要算了，不到8年就翻了一番，我们散户哪有这么好的运气。但我让大家记住，这只是每年10%的收益给我们的回报。

耐心等待是散户的基本素质之一，做一个好股东，做一个长期持股的战略投资者，用足够的时间和信心等待和迎接牛市高回报的到来。

《一仆二主》电视剧片尾曲有一句歌词非常精彩，"梦想成为行骗自己的理由"。我们对股市过高的期望，那是一种梦想，除了带给我们痛苦以外，还能有什么呢？在股市中做梦是一件很危险的事。

2017.2.2

3-8 追高需谨慎，要观察我们要买入卖出的股票均线的变化、分析均线的趋势

许多散户打新股总是没有成果，看见一字涨停便心里发痒，时不时有

追高的冲动。其实，散户追高成功的可能性几乎为零。2016年有些股票非常抢眼，二三十个涨停板的都不少。我没有细细分析一年后这些股票的状态，不敢妄下结论，但股市中有句谚语：竖起来有多高，躺下就有多长。新股变成了次新股后，散户该上场了，优中选优，绝对低点时参与。

追高是散户的大忌，散户底子薄，经不起折腾，骨头缝里剔肉是我们要下的功夫。均线告诉我们，股票价格是绕着怎样的一根轴，在波动的箱体中运行。突破就是击穿了箱体，或上或下地快速运行。散户要观察这些形态，只有这样的形态，才是我们散户赚钱的机会。

庄家一定是做自己熟悉的、能够把握的、可以形成市场热点的股票，庄家绝不打无准备之仗。散户要比庄家更勤快，复盘庄家的足迹，寻找庄家操作的路径规律。

要对照大盘曲线和均线之间的关系，发现庄家的操作手法和风格，掌握庄家日、周、月曲线与大盘的互动效应、与成交量变化的联系，以便进一步掌握一周中的日规律，一月中的日、周规律，一年中的周、月规律。发现庄家高抛低吸的价位点和规律，我们所说的与庄共舞的目的就达到了。

我们一直在说选择股市就是选择了一种生活方式，要快乐还要赚钱，赚钱只是我们的手段，快乐生活才是我们的目的，但亏着钱我们是快乐不起来的。因此，赚钱的多种因素没有集合到一起的时候，我们可以不交易，没有人要求我们天天或周周交易。

就在阶段性绝对低点和几乎无风险低点出现时，散户该出场与庄家斗智斗勇了。均线就是告诉和佐证我们低点出现了的重要信号和依据，散户再难也要学会看懂它。

2017.4.26

三 操作心态

3-9 多看少动，多研究政策、大盘、个股资料，少操作股票

2017年4月18日，我曾写了《散户能否参与白马股的搏杀》，在文章的最后点了4只白马股。"白马股，散户要用发现黑马股的精神寻找，找到了这样的白马股，不妨参与参与。例如直到今天（2017.4.18）依然是'白马'的伊利股份（600887）、阳光照明（600261）、常山药业（300255）和仁和药业（000650）。"在今天（2017.5.5）阳光照明（600261）和仁和药业（000650）的优势更加明显。

2015年4月中旬至2017年5月上旬，股市阶段性探底，虽然大盘指数跌得不算太多，最低点3103.04（2017.5.5），但有近一半的股票跌得很惨，又让散户见证了，不见大盘，只见个股的尸横遍野的欣欣向荣。

华尔街的经济学家说，价格曲线就像醉汉的步态脚印轨迹，飘忽不定，没有规律可循。另一种人说，不断抛掷硬币记录下的曲线和价格曲线是一样的，虽然只有正反两面，但时不时连续正反的出现，仍是谁也猜不到的，只有事后找原因。

2017年春节到现在（2017年5月初），鸡蛋和活鸡的价格一路走低，达到了11年以来的最低点。人们说是H_7N_9禽流感惹的祸，有人说是2015—2016年养鸡业的高利润推高了产业存栏造成的结果。套用《三国演义》开篇的一句话：看来天下价格涨久必跌，跌久必涨。

散户不要试图去探究涨跌背后的原因，太复杂了。我们只需认真对待我们选择的每一只股票，事前做好功课。我买了我前面点到的白马股，5月2~4日连续三天常山药业（300255）涨停，不过4号收盘时打开，由

10.55 元最高价收在了 10.27 元。我一查，原因是石家庄市行政中心要迁入常山药业公司的所在地正定区，石家庄市要申请正定新区为国家级新区。

出现这些情况，我们只能说是机遇。但常山药业这只股的品质，我在 2015—2016 年就发现了，而且当时它的价位在相对的历史低点，复权后，与历史高价位仍然几乎相差一半，并且 2017 年一季度常山药业的收益达 2.56 亿，同比增长 10.73%，净利润增长 48.79%。

有这样一只股票带来的收益，让我们持仓的效果在下跌时看起来就不那么难看，也就不那么心痛，同时也提醒我们选对一只股票多么重要。

多看少动，多研究政策、大盘、个股资料，少操作股票，甚至强迫自己一周有一两天不操作股票。

古人云："横看成岭侧成峰，远近高低各不同；不识庐山真面目，只缘身在此山中。"

股市比风景要扑朔迷离得多，风景最多也就风霜雨雪、阴晴圆缺、春夏秋冬、昼夜更替，人为影响的因素很低。股市是有自己的规律，但这些规律大多也和人为因素相连。人是最复杂的生物，是生命、情感体组合，任何事物只要和人联系上，就复杂了起来。股市还是一个法人、自然人的大聚合体，要想全探究透，那是不可能的。择天时，尽人事吧！

2017.5.5

3-10 散户应该怎样驾驭风度翩翩"赚了指数，赚不了钱"的漂亮的老爷车

有机构统计，2017 年前 9 个月 A 股上证指数涨幅达到了 8% 左右，

深证成指和中小板指数也分别上涨了9%和16%左右。2017年股市形态波动的一个显著的特点就是振幅收窄，最小到了2017年9月27日和28日只有0.28%和0.25%。

现在的股市大盘，用社会学家的解读就是："现在是一个最好的时机，也是最不乐观的时光。"而用哲学家的眼光来分析，"透过现象看本质，你社会学家什么也没有说啊！"

社会学家描述的是心境，哲学家探究的是本源。股市的本源就是变化，就像人们常说的那样"这个世界唯一不变的就是变化本身"，但变化是有规律的，你顺应了规律——"有所为，有所不为"，就能有收获。嗨！这下哲学家和社会学家走到一起了！

散户进入股市的首要教育是要有风险意识，可防止亏损又很难，机遇与风险永远并存，大的波动才能提供我们想要的赚钱机会，我们散户只有一次次在沉浮中学会游泳。谁是最后的赢家呢？国际投资大师们总愿用这样一句经典的话来概括："退潮时，才看出谁在裸泳！"

大势好的时候，不少人都在赚钱，不断冒出百万、千万、亿万富翁的消息，这不奇怪。大势不好时，你依然是盈利者，那才是真正的幸存者。

上个星期和国内的一个文化名人聊我在股市过五关斩六将的业绩，人家只淡淡地说："现在呢？"如实以告还有原始投资470%的收益时，人家说还行。他告诉我，股民的辉煌记忆和痛苦记忆一样多，不然股民数就不会增长了。说得太有道理了！

2017年前9个月A股上证指数涨幅8%左右，慢牛形态、振幅收窄，散户应该怎样驾驭这辆风度翩翩"赚了指数，赚不了钱"的漂亮的老爷车呢？

价值投资是2017年赚钱的模板，上证50指数股票和白马股都有不错的表现。

知道白马股和骑上白马股依然是两回事，今年我出货了伊利股份（600887）、招商银行（600036）2只白马股，又骑上了以岭药业（002603）、常山药业（300255）、众生药业（002317）这3只我看好的白马股，这3只医药股平均获利已超过了20%。

曾经的我可没有这么幸运。多年前我买过华能国际（600011）、华电国际（600027）、京能电力（600578）和申能股份（600642）这4只电力、热力、燃气生产和供应业股票。当时它们有非常辉煌的业绩，市盈率非常低，每年的分红也相当不错，2015年中期那波行情也应该可以解套了，但我认为业绩还好，现在想想当时真是太贪婪，导致如今还被深套其中（有的已腰斩），平均亏损40%。

现在细想，这4只股票有一个共同的弱点，就是对自己产业链上游的供应商过于依赖，而供给的公共产品又由国家定价不能随行就市，利润很难自我把控，因而在股市中很难形成热点与共识。

要想盈利，只有再耐心地等待机会啦！吃一堑，长一智，才会避免做退潮时的裸泳者。

2017.10.21

3-11 散户要有久久为功的韧性，盯住目标，不忘初心

散户不缺时间，缺的是在股市中持股后与时间赛跑的韧劲。散户不缺智慧，缺的是在不断变化的股市中的坚守。散户都是想好了再出发的人，只是走着走着就忘记了目标，被红红绿绿的大盘晃花了眼、晃晕了

头。不忘初心，说的就是一种坚守和韧劲。

2017年国庆节假期有两条消息给我震动。一条是受到袁隆平肯定的陈日胜团队培育出的"海稻1号"——耐盐碱水稻，在海滩地种植成功，亩产达150多千克，这是经过无数次的试验、几十年的坚持才获得的成功，它的成功为我国6.3亿亩海滩、盐碱地找到了出路。另一条是中央电视台播出的《辉煌岁月·河南篇》，让我们看到粮食种植依然是这个中原大省的主题，中国13亿人口吃饭的17亿亩的粮食土地红线，就是像河南这样的种植大省在坚守着。

散户在股市中发现白马股不难，难的是在发现白马股后的长期跟踪，熟悉庄家的操作规律后，在合适的价位买入。买入白马股后，持有白马股的时间成本和价格成本就开始考验散户了。散户最不缺的就是时间，我们要用时间和庄家一起来煲一锅美味的白马股粥。就像陈日胜团队培育"海稻1号"的不屈不挠，就像粮食种植大省河南对17亿亩粮食土地红线的坚守。

我在9月初谈到的白马股伊利股份，我的持仓成本是13元多，现在它已经翻番了。但我们又有多少人能耐得住它自2015年5月高分红——每10股派现金8元、高送转——每10股送转比例10股后，长达两年多的下跌、横盘、慢牛盘整啊！

现在，我依然追随着2只与伊利股份非常相似的食品消费类股票，它们是承德露露（000848）和燕京啤酒（000729）。它们的庄家操作路径和伊利股份非常雷同，这2只股票已经到了超值价值投资区了，感兴趣的散户可以进去仔细研究研究，感觉合适了，可以参与参与。或许，它就是下一只你期待的白马股哦！

2017.10.3

3-12 你会顺势操作吗

讲一个小故事：古代南方有一个老妈妈，老妈妈有两个儿子，两个儿子都在城里做买卖。大儿子是做伞的，小儿子是做鞋的，生活殷实富裕，但是老妈妈整天就是高兴不起来。一个智者路过老妈妈家讨口水喝，看老妈妈满面忧愁，就问其故。老妈妈告其原因：晴天我忧愁大儿子的伞卖不出去，雨天我忧愁小儿子的鞋卖不出去。智者听后哈哈大笑：老人家你这样不是自己折磨自己吗？倒过来想，你会天天高兴的。雨天你为大儿子高兴，伞卖得好；晴天你为小儿子高兴，鞋卖得好啊！从此，老妈妈依智者的思维而行，过上了快乐的生活。

散户和这个老妈妈非常相似。涨了，为买不到上涨的股而忧愁，为踏空忧愁，持股的为想卖在最高点而错过了最佳点忧愁；跌了，为没卖出而忧愁，为亏损而忧伤，为套牢而忧愁。

为什么我们散户不倒过来操作，涨了，我们看看持仓的股票，有没有可以卖出的，有了，落袋为安，为赚取了利润而高兴；跌了，我们看看自选股列表，有没有可以买入的股票，有了，为低价买入而高兴。这样顺势而为，是多么快乐的炒股生活啊！

我们一定要学会在价值投资理念的牵引下，顺势而为地操作，克服常常给我们散户带来痛苦的两个顽疾：追涨的习惯，做庄家的抬轿者；克服下跌离场的习惯，不做庄家砸盘吸货的割肉抛盘者。

2017年11月刚一开始，前三日中只有1号上涨，2号、3号连续两天下跌，而且还跌了不少，散户又恐慌了。为什么不把它看成是买入的好时机让自己高兴呢？

举一个例子来佐证让我们散户高兴的理由。有机构统计，自2017年以来，沪港通、深港通资金买入沪深A股股票1700亿，大多数是投资于优秀品质的价值股，无论这些上市公司的盘子大小，机构都在趁大多数股票处于低价时买入，我们散户有什么理由忧愁呢？

价值投资理论的核心就是：价值最终是会决定价格的。现在的低点，恰恰是买入的好时机，跌出来的机会，散户应该高兴啊！

不要忧愁、不要离场，我们散户在这段时间里，要认真研究研究医药健康股，要认真研究研究网络智能创新股，要认真研究研究低市盈率的房地产股。研究后，或许你会越来越高兴的。这些高品质、低价格的股票就是你未来盈利的希望。现在的低价，恰恰是为以后的上涨留出的空间，因为价值最终是会决定价格的，相信你自己的判断吧。

2017.11.5

3-13 2017年10月胶着的大盘，股民是不是该歇歇了

"红十月"已经过半，人们期待的快速上涨现象没有出现，突破了3400点，但还在3400点上下沉浮。也可能由7~9月绕着3350点转动，变成绕着3400点转动。也还不错，让牛走得慢点也好，散户也好整理整理自己的操作思路。

10月9日，新华社公布了一条消息：《前3季350家公司IPO创新高，募1758亿低于峰值》，里面透露出这样一个信息："中国证券登记

结算公司截至 9 月 22 日的最新数据显示，中国证券市场投资者总数为 1.3053 亿，其中自然人为 1.3018 亿，就数量而言，散户以 99.73% 的比例占据绝对多数，""伴随市场中枢逐步抬升，8 月新入场的股民数量回升至 151 万。"

这就是中国股市参与者的基本现状，散户是绝对的多数，但不是绝对的主力。弱势的散户在大盘胶着时更不能急躁，我们一直在强调散户一定要比庄家和机构还要冷静，庄家和机构都不急我们急什么。

中国人说:"醒得早的鸟儿有食吃""笨鸟先飞"，在股市中就是"睡得晚的在努力"! 我每天晚上平均在股市中查阅、操作两个半小时，就是为了在时间委托上领先一步，战胜这两年经常出现的"个股一日游行情"，同时还要不停地寻找价值投资板块和个股。

隔夜委托对散户有两大好处:一是领先一步，在时间上抢占先机;二是在不受干扰的、安静的操作时空环境中，促进冷静思考。

10 月 14 日晚浏览《证券市场红周刊》——"高位巨震白马股是走是留? 30 倍以上 PE 需多一份警惕"股评，"不妨关注一些估值较低、股价涨幅不大的二线蓝筹股，这些股票有望承接从跳水白马股撤离的部分资金，走出一轮补涨行情"中，就发现了上海建工（600170）、中山公用（000685）、新希望（000876）这 3 只值得追踪的股票。

散户要利用胶着的大盘平稳的时间，好好地调整自己的"自选股列表"，把有价值的股票纳入到自己追踪的视野中来。

大盘要想有散户期待的"红十月"出现，至少要满足 3 个条件:热点不断;板块梯次轮动，领涨板块明显;成交量不断放大，创出新高。

前三季国家的经济数据和国内外经济环境都不错。陆续公布的三季报一定也会有一个好的收成，建议散户多关注关注我们以往提到的房地产板块和医药健康板块。下一次的热点和板块轮动的原因，很可能是上市公司优秀的业绩发动的，房地产板块和医药健康板块应该不会缺席。

2017.10.15

3-14 中国人买涨不买跌的心态，害了多少散户

中国人有一个非常奇特的对待市场价格的心态，就是买涨不买跌。这一心态在房地产市场表现得最为激烈。当房价上涨时，为了抢到一套房子，甚至把售楼部都砸了。房价下跌时，售楼部门可罗雀，售房经理又是打电话又是群发短信以及微信朋友圈发视频，就是没有人理会。一听说房价上涨了，又一窝蜂地回来了。

这一心态在股市资本市场表现得也是如此，还造就了两个怪现象。

怪现象一：买涨，不停地追高，造就了新股上市后不停地一字涨停的怪现象。

历史上有银广夏（现西部创业）27个涨停板，金泰（现山东金泰）43个涨停板，长运（现西南证券）45个涨停板。这两年发行的新股也绝不输于它们的前辈。

我也不能免俗，中签的贵阳银行（601997）从8.49元涨到了最高21.20元还不卖，结果2017年10月底14元多还握在手里；中签的国检集团（603060）从10.04元涨到了52.47元还不卖，结果10月底25元左右还握在手里；中签的周大生（002867）从19.92元涨到了46.09元还不

卖，结果 10 月底 29 元左右还握在手里。都想着能一涨再涨，从最高点跌了下来又不愿低价卖出，结果是一路走得更低。不理性地追高，和从高点下落后不愿意及时地脱手，都是买涨不买跌的心态在作祟。

怪现象二：价格触底、极具投资价值的优质股票出现了，依然没有人理会。

我们一直在强调散户资金实力有限，要及时发现市盈率低，尤其是市盈率低、价格又低的股票。不要恐惧已进入了阶段性最低价格、乃至是历史性最低价格的股票，全面研究后，要大胆地吃进。

股神巴菲特的投资经验就是，股票没有到达价值投资区时，我可以耐心等待，出现了就大胆地进入，追高的理念不在巴菲特的投资信条里。巴菲特的投资名言是："在别人贪婪时恐惧，在别人恐惧时贪婪。"

中国股市的散户恰恰相反，在别人疯狂贪婪时追随，在别人绝望恐惧时退市休眠。

我最近发现了 3 只低价优质股，它们是：香江控股（600162），2017 年 10 月 27 日的收盘价是 3.49 元，市盈率 18 倍，近三年来的最高价出现在 2015 年 6 月中旬，是 13.75 元，2016 年 6 月每 10 股送转了 5 股；上海建工（600170），10 月 27 日的收盘价是 3.80 元，市盈率 13.4 倍，近三年来的最高价出现在 2015 年 6 月初，是 14.80 元，2015 年 5 月每 10 股送转了 3 股，2016 年 5 月每 10 股送转了 2 股，2017 年 5 月每 10 股送转了 1.9 股；利欧股份（002131），10 月 27 日的收盘价是 3.31 元，市盈率 29.1 倍，近三年来的最高价出现在 2015 年 6 月中旬，是 99.83 元，2015 年 8 月每 10 股送转了 20 股，2017 年 6 月每 10 股送转了 25 股。

如果还有不怕恐惧的散户，还可以看看和邦生物（603077），10 月 27 日的收盘价是 2.27 元，市盈率 39.2 倍。近三年来的最高价出现在

2015 年 6 月中旬，是 30.22 元。2015 年 9 月每 10 股送转了 20 股，2017 年 7 月每 10 股送转了 12 股。

每次参与一点点我们都会有所收获，标志就是大盘还没有恢复到大跌以前的点位，我们的持仓收入已超过了大跌前。用投资的思维，这就是复加效应。

盯住我们此前一直想买入而买不到的股票，大跌给了散户错杀或庄家顺势而为打压股票的机会。没有长期的跟踪，"机会是跌出来的"，对你没有任何用处。

有一只股票，我当作低价股收入自选股，把它作为不足 3 元的买入对象。当 2017 年 1 月 16 日它再次击穿 3 元时，我就盯上了它。2017 年 3 月底 4 月初它最低跌到了 2.89 元，我买入了一点，4 月中旬它又上升到了 3.10 元，在 2017 年 6 月 2 日它跌到了近期的最低点 2.55 元，但我资金投向错过了它，7 月 13~14 日它又回到了 3 元以上。我相信它还会飞得更高，因为 2017 年上半年它的净利润预增 644.32%。

散户们，睁大眼睛看看，如果感觉有投资价值，就用适合自己的方式深入探究，得出自己的结论，用自己的方式大胆地操作吧！让贪婪和恐惧为我们散户的股市生涯壮行吧！

庄家和机构现在大约是 3 年左右做一个轮回，我们散户要与庄共舞，就要跟上庄家和机构的步伐，克服贪婪带来的膨胀欲望和恐惧生成的战栗退缩，在沉浮的曲线波浪中获取我们应得的收益。

2017.10.28

3-15 庄家和散户在股市中完全是两种心态、两种状态

在历史上，中国是一个强大的国家，从我们发明和传承的词语中就能窥视一斑。

外国人说"一石二鸟"，中国人说"一箭双雕"，他们是皮绳掷石游牧时代，我们是铁器弓箭狩猎时代。游牧和狩猎是有着巨大的区别的，游牧几乎是没有目的的漫游世界，狩猎是有组织、有目标非常精准的时间行动。

散户在股市中就是那个游牧的放羊人，面对几千只股票，就好像在茫茫大草原完全找不到方向，手底下放的这几只羊在市场中是什么价值，能买个什么价钱，自己完全不能做主，甚至什么都不了解，就知道它是羊。我们许多散户不是就只知道股票名称和代码，就敢买入吗？！

而庄家则完全不一样，他们是猎人，在狩猎场明确知道进入了多少猎物，是什么猎物，还要投多少诱饵吸引猎物，如何敲边鼓，如何不打草惊蛇围剿猎物，这些猎物围剿的成本在市场中能不能产生利润，庄家都一清二楚。

2016.11.18

3-16 由中国男足想到：强者是控制，弱者是如何突破控制、打破控制，赢得胜利的

有一句话叫做"进攻就是最好的防守"。中国男足就是没有好好听

话，有几次险些出线，都是先积极地进攻，比分领先了，结果这时想法多了，以为自己能控制局面了，想保住成果，改成防守，最后输球了，遭到淘汰。

强者知道他是胜者，惯常使用的手段就是控制局面，让事态按照他的设想、不出意外地发展。而弱者就是要突破控制、制造意外，打破强者原有的设想，让他乱了阵脚，在乱中取胜。

弱者要想取胜只有一条路，就是进攻！进攻！再进攻！就像当年在抗日战争中那样，到敌人后方去，把日本人赶出去！我弱小，我也要到对方半场去制造机会，在对手的球门前寻找漏洞射门，才能取得胜利，你想按战术与强敌对抗，只有死路一条。

散户也是这样，我们要想赚钱，就要比庄家还要努力，不但要了解自己把握自己，还要了解庄家，知晓庄家的操作意图，用尽可能多的方式验证我们的判断。当买到一只股票时，无论我们是想长线持有还是短线操作，我们首要的想法不是赚钱，而是降低持仓成本，减少风险。操作思路就是高抛低吸，在尽可能短的时间内拉低我们的持仓价格，这就好像深入庄家的阵营中抢夺和兑换筹码。与庄家共舞就要有深入"敌后"的胆略和敢到对手半场拼搏的气概。否则，你没有胜利的机会，何谈盈利赚钱。

2016.10

四　了解我们的合作伙伴——上市公司

4-1　上市公司信用和股票动态市盈率

市盈率是上市公司股票品质的重要指标，它告知我们股票的年回报率。为什么股票的市盈率又是动态的呢？这是因为市盈率会受到股票价格变动的影响，会受到公司收益变化的影响，会受到分红配送的影响，它随时都在变化，我们要时不时地看看它的变化，它在本行业的市盈率排名情况，它在整个沪深两市的排名情况，这直接影响着我们选股和对股票的买进、抛售。

这么重要的指标我们只能靠上市公司发布的消息和年报获得，上市公司的信用是这一消息真实性的唯一保证。

2016年年底，山东墨龙（002490）曾公告，预测2016年的业绩相比2015年可以实现扭亏为盈。但公司2017年2月3日披露，2016年净利润亏损超过 48000 万元。公司董事长还在扭亏为盈公告发布后进行了大幅减持。资本市场最重要的基石就是信用，失去了信用，金融市场将不复存在。没有了上市公司的信用，我们散户将失去对股市、对股票价值的基本判断，也就失去了操作的方向。

2016.10

4-2　上市公司年报和调仓换股的关系

2017 年 5 月 1 日，人民网刊登了一篇名为《美国学者以夜间灯光数据"看涨"中国经济》的文章。文章"依据卫星记录下的中国夜间灯光亮度，与铁路货运量、耗电量等宏观数据一起建立模型，从而得出上述看涨中国的结论"。

文章说，"美国《福布斯》杂志指出，中国一季度 GDP 增速超出预期，表明'中国奇迹'没有结束，而是进入'第二阶段'。"

中央电视台曾经在十年前调查北京的住宅小区空房率，在小区门口架着摄像机看进出小区的人流，夜间看小区楼宇的亮灯率，以印证公布的空房率数据的真实性。

古人说的人间烟火，和今人说的用电量指标，都被作为观察中国经济变化的重要指标。这是两个不相信国家统计学的理论数据，而只看重现实实践模型比较数据的典型。

由此我想到了上市公司时不时公布的年报、季报和半年报。上市公司公布的这些报表，要通过董事会，有些还要通过股东代表大会，为了数据好听好看，上市公司要清理、梳理债权债务，甚至出让部分产权增强盈利数额。这些报表就像我们小时候交的考试试卷，没有人不怕考试，人们做的噩梦的 1/3 都是各类考试场景，考试对任何人和公司都是一个阶段性的梳理和总结。

散户要像美国学者观察中国经济现实模型数据那样，阅读上市公司的这些报表，关键的数据变化要掌握，那就像上市公司点亮的人间烟火，是实实在在的对股东的回报。我们要依据这些数据重新修正自己对这只股票的认识。同时，要调整自己的自选股列表，根据行业的成长性、市场的关注度，调出调入一些股票。市盈率是动态的，在这时最能显现，股票在股市中的排名可能发生显著变化。

《福布斯》杂志说的中国"超级消费者"、科技创新、高端制造和服务业，将成为第二阶段经济奇迹的四大支柱，更是我们要关注的产业领域，市场热点可能就在其中。

2017.5.4

4-3 万科创始人王石的黯然出局与上市公司的市值管理

2017 年 6 月，上市公司爆出的最大新闻就是万科的东家易主，创始人董事长王石黯然出局。

资本市场就是凭资本说话，股份式资本市场，就是凭占有多少股份资本说话，所谓控股股东就是有绝对的发言权。然而我们很多上市公司总是想用很少的钱，来控制局面。让出资人只做财务股东，不参与公司

四 了解我们的合作伙伴——上市公司

的管理，也不过问公司的事务，只等着分红，只等着不想参与时出让退出自己的股份，只等着公司清算时收回自己的资本。

大多数上市公司都把上市看成融资行为，有些甚至是经过包装的恶意圈钱行为，散户们非常气愤，监管部门也在下大力气审查治理。但有许多上市公司不明白，上市实际上是将股份公众化的一个过程，就是将原有发起人创立的公司社会公众化，社会上所有自然人、法人只要遵循股票市场交易规则，都可以自由交易股票，成为该公司的股东，自由进出该公司。

上市公司准备好如何管理社会公众股了吗？公众的从众心理带来的羊群效应，上市公司做好应对了吗？如果把上市作为圈钱的手段，那是道德沦陷，必须谴责；如果把上市作为融资的方式，就要对自己资本的安全、公众资本的安全负责。

一个好的公司，不仅要有好的经营策略，还要有责任和理想。市值管理是一个非常重要的环节，它不仅要让资本保值增值，还要保证公司经营策略得以实施，公司理想得以实现。不然就像万科一样，理想已成为他人的案头文本，和你有什么关系呢？

"宝万之争"让我们初步看到了资本市场"门口的野蛮人"这一形象；香港股票市场内地"辉山乳业"一日暴跌80%多，让我们了解了股市中还有"浑水公司"这条股海"鲨鱼"。这些利用羊群效应腰斩股票价格、收购公司股份的"大鳄"，你的公司股份公众化后，又做好应对了吗？

资本的公众化给上市公司带来了丰厚的回报，也带来了上市公司市值管理的难题，万科给了我们很多启示。

2017.6.27

4-4 上市公司购买理财产品透出的经营端倪

《招股说明书》很少有散户完整看完的，它对股东很重要，对全社会很重要，对准备参与的散户更重要，它是一种承诺，是一种法定程序。司法有一个很重要的定律就是：程序正义，实体才能正义。许多人都重视结果的是与不是，而法律更为严格，要求知道是怎么得来的是与不是，这就是程序，散户往往忽略这些。

我想起了20世纪90年代央视做过的一个系列节目，好像叫《沙起额济纳》，因为大学有个同学是额济纳来的，就记住了。这个节目说因为张掖筑坝控水，使黑河断水，让千年古海居延海干涸，让黄沙飞扬，都飞到了首都北京。上千平方千米的胡杨林死亡和濒临死亡。据说胡杨树千年不死，死了千年不倒，倒了千年不朽，多么惨烈的干涸和蹂躏能让千年的胡杨林死亡了！

一追溯历史才知道，黑河用水自古就起纠纷，到了清代年羹尧统辖河西走廊时，就制定了严格的均水制度。

我们现在又开始实行河长制，就是为了从源头和程序上解决河流治理时的扯皮问题，因为水量分配、污染源治理、河堤防护、河畔绿化美化都不是一截一段能干好的事。

上市公司管理也是一个系统工程，《招股说明书》里做出的承诺，如果要改变，一定要做出说明。

在董事会做出的投资用途改变的最多的说明，就是决定购买理财产品，从这一决定里我们能看出该公司的哪些经营端倪呢？

1. 现金流充沛；

2. 超募资金没有更好的去处。

这不是一时帮银行完成存款指标的忙，而是把它作为一种投资方向。因而我们还可以看出：

1. 市场发生了变化，原设定的投资方向、承诺难以兑现；

2. 经营者经营风格是谨小慎微；

3. 公司所处的行业盈利能力有限，大体是大额理财产品的利息水平；

4. 大股东之间的经营意见不一致，甚至是原有的合作伙伴发生变化，无法形成统一的意见，钱闲着也是闲着，姑且先买点理财产品多少还有点收益。

所有这些都考虑过其他股东的利益了吗？尤其是散户的利益了吗？2017年的监管风暴，把募集资金的投资方向也纳入了监管范围，这是散户的幸事。

2017.3.26

4-5 "大手笔"与"铁公鸡"——上市公司分红"两重天"

这是新华社北京2017年4月9日电的大标题。里面分设了三个小标题：

——"大手笔"与"铁公鸡"；

——高送转"数字游戏"或成谋利手段；

——仍需多举措鼓励现金分红。

我的持仓股里最大手笔的分红就是招商银行，最多时每10股派了6

块多，其他的股票都是毛毛雨，好像最恓惶的是每10股派了一分钱，当然了，还有一分钱不派的，甚至还有多年不派一分钱的。

该文章说，有媒体统计，自2000年以来，两市仍有81家公司未进行过分红，堪称"资深铁公鸡"。

我喜欢高送转，尽管是数字游戏，但它让我的股票数量增多了，价格更低了，压缩了股票向下的空间。股票价格低了，更容易吸引股民参与买卖。如果我感觉这只股票送转后依然有买入的价值，用很少的钱，我就可以买进更多的这只股票。更何况公积金转增的本来就是红利。碰上填权的股票那还了得！如果再遇上有良心的公司高管回购灭失部分股票，那不就相当于白送了嘛！

当然，我更喜欢公司分红，那可是"哗—哗—哗"听得见响声的票子，是我坚持价值长线投资的重要动力。

文章说，上市公司现金分红是回报投资者的基本方式，是股份公司制度的应有之义，也是股票内在价值的源泉。部分上市公司分红少的原因包括监管机构没有硬性要求，上市公司主动作为动力弱；现金分红需要真金白银，会直接触及利益，上市公司积极性不高；部分公司希望不分红，做高公司净利润，使公司看起来更有价值等。证监会也在近期表态，将进一步加强监管，研究制定对付"铁公鸡"的硬措施，对具备分红能力而不分红的公司进行监管约谈等。

好消息不断，看来监管措施正在逐步到位，保护中小股民利益的目标正在一步步变为现实。

2017.4.10

4-6 避免踩雷，重要机构是否在十大股东列表中，是最好的风向标

2017年已经进入11月，离年底不到两个月了，各种数据浮出水面，有的还得到了初步验证。

第三季度GDP增长6.8%，中国经济向好态势更明显，夯实经济"稳"格局，国际各类经济数据调查和预测机构纷纷上调对中国2017年经济发展数据的预测。

今年中国前三季的税收数据，更是明确地让人们看到了什么行业在复苏，什么行业在平稳发展，什么行业在快速增长，而且是东、中、西部和东北地区税收全面增长。

资本市场三季报公布结束，市场开始不停地预告2017年全年的年度业绩，机构和庄家也要整理自己的全年收益，消息更是满天飞。

弱势的散户在这种氛围中会更加焦虑，经济学中的"信息不对称理论"说的就是这一状态。

信息不对称理论是指在市场经济活动中，各类人员对有关信息的了解是有差异的，掌握信息比较充分的人员，往往处于比较有利的地位，而信息贫乏的人员，则处于不利地位。市场中卖方比买方更了解有关商品的各种信息，掌握更多信息的一方可以通过向信息贫乏的一方传递可靠信息而在市场中获益。买卖双方中拥有信息较少的一方会努力从另一方获取信息，市场信号显示在一定程度上可以弥补信息不对称的问题。信息不对称是市场经济的弊病，要想减少信息不对称对经济产生的危害，政府应在市场体系中发挥强有力的作用。

本文开头提到的 GDP 增长数据和税收增长分析数据，就是政府发布的，让我们了解了大的经济环境和大的经济环境折射到资本市场的现状，这会减少我们对市场的误判。

上市公司和各种机构纷纷预测 80% 的上市公司 2017 年的全年收益是正增长，我们应该相信，因为和国家发布的大数据是一致的。

但我们散户仅仅看大数据是不够的，解决不了我们手中持有的那几只股票的问题，我们还要有更细微的参照。

国家队比我们掌握的信息要全面得多。国家队目前已有 21 个账户（汇金公司 2 个、证金公司 11 个、外管局旗下投资平台 3 个、国家队基金 5 个），参与了 1100 多只股票的投资。我们散户大树底下好乘凉，选定一只股票买入卖出时，一定要先看看十大流通股东里有没有国家队的身影，它们就是我们是否投资这只股票的风向标，避免我们踩到脚下的地雷，把信息不对称带来的影响减少到最小程度。

最近有件郁闷的事。前一段时间我还写了一篇文章驳斥人们对长城汽车（601633）利润下滑的指责，很信任这只具有国际营销市场的股票。在它 2017 年 9 月底停牌近 20 天，10 月 16 日复牌澄清未与宝马公司合作的消息后，股价还略微走高，但不到 10 天就快速下滑，11 月 1 日我忍不住了，以 11.38 元将 9500 股长城汽车全部抛出，7.01 元买入了 15400 股上海凯宝（300039）。两天后 11 月 3 日收盘，长城汽车 11.49 元，上海凯宝 6.88 元。几乎就是卖在了最低点，卖的时候我也犹豫了，因为截至 2017 年 9 月 30 日三季报时间内，十大流通股东中，证金公司和汇金公司以及社保基金都在内，止跌是必然的，但我没有把握住。

四　了解我们的合作伙伴——上市公司

祈祷上海凯宝（300039）有好的收成吧！汇金公司也在它的十大流通股东中噢！

2017.11.4

4-7　全面认识上市公司，尤其是那些熟悉又陌生的产业

2017 中国—阿拉伯国家博览会，9 月初在宁夏银川举行。参加 2017 中国—阿拉伯国家博览会的中国科学技术部副部长黄卫说，中国将创新作为引领发展的第一动力，近年来科技发展成就突出。仅 2016 年，中国全社会研发支出超过了 1.5 万亿元人民币，占 GDP 的比重达到了 2.1%。中国是阿拉伯国家第二大的贸易伙伴，科技创新合作是推动"一带一路"倡议中阿合作重大工程项目顺利实施的技术保障。

2015 年年初有一款"55 度杯"在网上爆红，发明人洛可可创新设计集团也带着自己每年几千款的创新设计产品来参加本次博览会了。杯子是我们熟悉的产品，我们以往的思维是保温，降温好像不属于杯子的功能。没想到，这也能成为一个产业在网上爆红。

有许多产业我们熟视无睹，比如说涪陵榨菜（002507）上市时，就感觉这么一小袋榨菜能有什么啊！现在算算如果早期参与了该股票，现在有多么丰厚的回报啊！

再比如双汇发展（000895）这只高分红、高送配，不断填权的白马股，在前几年"瘦肉精"事件的影响下，迅速跌落，分析来分析去还是不敢参与，感觉这个行业太熟悉了，经此打击会一蹶不振，没想到照样

高分红、高送配，不断填权。

当初两眼只盯着银行股和能源股，现在证实银行股还有点回报，能源股基本全面套牢，连市盈率都走了下坡路，解套的希望十分渺茫。

我们散户对上市公司所处的行业地位和行业所处的产业地位了解甚少，等到有些股票持续上涨了才去关注，已经失去了参与的机会。胆大敢追高者，只能是被套牢的命运。

散户是弱势群体，要全面了解上市，不但要了解新兴行业，也要了解熟悉的陌生行业，比如离你生活如此之近的榨菜、火腿肠。

最近又有两只熟悉的陌生行业股票上市了，一只是狗粮第一股佩蒂股份（300673），一只是以宠物食品为主的中宠股份（002891）。不要对这两只"它经济"股熟视无睹，以为我们十分了解它们，其实不然。错过了榨菜、火腿肠，不要再错过以狗粮、狗用品为标志的宠物产业哦！

2017.9.9

4-8 注意上市公司股本扩张，小盘股可能已长成大盘股

股民关心最多的是股票的价格变化和股票分红送配转增的多少。分析上市公司品质时，关心最多的是市盈率的变化和股本的变化，这样的路径大体是正确的。

我们要注意的是那些迅速扩张的中小盘股，在我们的记忆中它是中小盘股，但是在短短的几年中它已经成长为大盘股了。

四　了解我们的合作伙伴——上市公司

举个例子来说，利欧股份（002131），2007年4月27日上市，一上市我就盯上它了，虽然是一只水泵制造股（当然了现在它已经华丽转身为互联网和相关服务股）。最终我在这只股票上用几年的时间赚了近30万，获得了150%以上的收益。2017年9月11日，看到利欧股份价格只有3元出头，进去仔细观察，才发现它的历史最高价位达到了99.83元，最近达到了最低价2.89元。这10年送转6次，总计直观上达10送转了76股，股本已由上市时的1900万股，扩张到了56.0763亿股，我们说中小盘股20亿以上的慎选，它已经是中小盘中的大盘股了。

有些我们印象中的大盘股，现在和一些大盘股比起来仿佛没有那么大了。比如中联重科（000157），造的机器很大、很多，马路上、工地上时常都能见到它们的身影。2000年10月12日上市，到现在17年送转了8次，总计直观上达10送转了50股，股本由上市时的5000万股，扩张到了76.2529亿股，但和一些大盘股来比，看上去还没有那么"可怕"，何况它的价格只有4块多，市盈率只有15倍多，历史上它的最高价位是63.80元。

判断股票盘子的大小不仅要把它们放在行业、板块中横向比较，还要放在历史的时间坐标中纵向观察，这样得出的结论往往比较科学。

2017.9.12

4-9　中国上市的几大银行股都是白马股，是散户持仓股票的"压舱石"

中国几大上市银行股票的市盈率有时竟然跌破了3倍，整体几乎都在 10 倍以下，可是我们散户几乎没有瞪一眼的兴趣，因为它们几乎常年没有大的价格波动。要动，也就像动物的萌动期一样，一年就只有一两次的情绪波动，周期太长，我们散户耗不住。

中国的银行股几乎都是白马股，每年的分红水平相当于一年期存款利率或高一点，这已经符合长线投资的评判标准了，如果我们能抓住那每年一两次的波动，高抛低吸扩大收益，应该是散户相当不错的操作路径。可是我们散户不感兴趣，我们散户没有钱，还要买陌生的、首次航行的"泰坦尼克号"的高价船票。

有些事习惯了就好了，就像中国的航空公司，正点率不到 50%，你订票时电脑上就显示了，晚点几十分钟你就觉得很正常，也就不会抱怨了。我们散户在股市里已经亏损习惯了，感觉股市没有大的波动，不亏点钱不是枉在股市里待着了吗？聊天都没有了话题。

错！大错特错了！如果我们散户每年给自己制定一个盈利目标，哪怕是每年只盈利 4%~5%，我们都不会这样操作了。我们散户不能只有亏损的习性，我们还要逐步养成盈利的习惯。火中取栗是灵长类的共性，因为那焦煳的香味太诱人了，要不然怎么满大街都是烧烤夜市，但人们忘了，那大多数香味都是尸体发出的焦煳味。我们要避开庄家、机构给我们支的诱惑我们入局的烧烤摊。我们要学会自己泡一壶茶，品着茶点，思考我们自己的人生，把住盈利的方向。

最近，在香港股市，一些国内险资机构和外资机构正在低吸国内银行股，这给了我们一个信号，虽然上证 50 指数热时，一些银行股已经上涨了不少，但现在大部分银行股依然在价值投资区间内，市盈率不足 10 倍。

国庆节前，央行出台了定向降准的政策，银行资金流动性会有一定的释放，银行股利润也将会有所提升，又是银行股非常利好的趋势。

银行股的回报对散户来说是非常稳定与保险的，我多年前买了2万多股招商银行（600036），当时知道它是第一家入住华尔街的中资银行，每年的现金分红也不错。几年来，几经高抛低吸我的持仓成本在12元左右，这3年它的现金分红依然是非常漂亮的，2014年度10派6.7元，2015年度10派6.9元，2016年度10派7.4元，超过了一年期存款利率的收益。2017年8月15日我为了买车，忍痛25.74元卖掉了18000股，8月30日它涨到了近期的高点27.96元。虽然每股少赚了2.2元，但还是获得了100%以上的收益，这样稳定的年度收益和翻倍的交割收益，让人无比快乐。

中国上市的几大银行股都是白马股，是散户持仓股票的"压舱石"，也让风雨飘摇的熊市时间看上去不那么绿哇哇的，托住了散户那颗拔凉拔凉的心。

2017.10.13

4-10 "鸡肋"和股票

《三国演义》讲述了"鸡肋"的典故："操屯兵日久，欲要进兵，又被马超拒守；欲收兵回，又恐被蜀兵耻笑，心中犹豫不决。适庖官进鸡汤。操见碗中有鸡肋，因而有感于怀。正沉吟间，夏侯惇入帐，禀请夜间口号。操随口曰：'鸡肋！鸡肋！'惇传令众官，都称'鸡肋'。行军主簿杨修，见传'鸡肋'二字，便教随行军士，各收拾行装，准备归程。

有人报知夏侯惇。大惊，遂请杨修至帐中问曰：'公何收拾行装？'修曰：'以今夜号令，便知魏王不日将退兵归也。鸡肋者，食之无肉，弃之有味。今进不能胜，退恐人笑，在此无益，不如早归，来日魏王必班师矣。故先收拾行装，免得临行慌乱。'夏侯惇曰：'公真知魏王肺腑也！'遂亦收拾行装。"

由于这个典故，"鸡肋"多被用于形容"食之无味，弃之可惜"的进退两难境地。

2016—2017年的新股发行申购，有时一周超过10只的发行节奏，终于将新股由稀缺资源变成了"鸡肋"。股市新股的发行数量、体量，对应的市场承受能力的节奏，都应该有所规定，每天不超过一只股，一年发行200只新股，诞生200个上市公司，这个数量不少了。是不是所有的管理者都喜欢"食之无味，弃之可惜"的状态啊？！打新就像中彩票，已经是万里挑一了，让中奖者有所收获喜庆点不好吗？

写于A股再创阶段性新低的3052.78点时。

2017.5.10

4-11 如何看待券商股

七八月份以来，券商股好像蠢蠢欲动，有的还上涨了不少，一些人就说券商股价值在回归，那不是价值在回归，而是价格在回归。看看曾经参与券商股的散户的持仓就知道了，查看历史的价位，现在的价格有的还不及过去的一半。当年的散户被灌输的是券商股稳赚不赔。你买，他赚钱，你卖，他也赚钱，于是散户被牢牢地套了进去。

　　服务永远是一个赚钱的行业不假。你看看保姆业、产婴月嫂业、特殊护理业，价格和十年前都不能同日而语，但你看看人家的服务内容和辅助器具，一般的人你还敢轻易上手吗？这还是硬需求，价格再高你也得用。

　　我们再来举一个软需求创造的服务业——美容美发业。它已经完全脱离了护肤、理发的束缚，成了一个巨大的行业。商场的1/5或1/4是它们的天下，满大街至少1/10是美容美发店。我们真的需要它们吗？或者真的需要这么多它们吗？回答是肯定的，他们创造了形象，引领了时尚，我们的美需要它们评价，我们的形象需要它们确认。美容师把自己打扮得比专家还专家，美发师把自己打扮得比明星还明星，明星都要到他们这里来讨教造型方案，你能不需要他们吗？价格再高你都心甘情愿地往店里跑。要在世人面前展现一个完美的自己，你说了不算，他们说了才算啊！

　　反观券商股，自从上市以来他们的服务内容就没有多大的变化，至多是迫于技术进步使用了网络，还时不时爆出黑嘴恶行、掘老鼠仓的丑闻。他们没有为券商股注入新的增值内容，更没有为他们的服务对象带来赚钱的愉悦感，股民冷淡他们也就不足为怪了。

　　服务要赚钱，前提是要有需求，没有需求要学会创造需求。股市是投资平台，散户投资是为了回报，如果次次都是被割的韭菜，还有人愿意进入股市吗？一个没有幸福感的资本市场，注册户减少，僵尸户增多就不足为奇了。

2017.9.4

4-12 向优秀企业家学习，做一个二级市场勤勉的散户

进入股市就是投资，就是做股东，也就是当老板。我们许多散户把开个小店做老板当作投资，而把入市只是当作玩票一样，其实这是错误的。小股东、大股东和控股股东都是股东，都要勤勉，只是职责不同、责任大小而已。

新华社杭州10月25日电：记者25日从万向集团获悉，万向集团董事局主席鲁冠球当日逝世于杭州，享年72岁。鲁冠球是改革开放以来第一代民营企业家的代表人物之一。

1969年7月，鲁冠球带领6位农民，集资4000元，创办了宁围公社农机厂。如今这个农机厂已经发展成为营业收入超千亿元，直接或间接控股10家上市公司，涉及制造、能源、金融、农业、资源等领域的大型跨国企业。

鲁冠球和万向创造了中国企业的多个第一。1984年，万向作为第一个将中国汽车零部件打入美国市场的企业，在国内外引起轰动。1994年，"万向钱潮"在深圳上市，成为国内成功上市的第一家乡镇企业。2001年，万向收购美国纳斯达克上市公司UAI，开创了中国乡镇企业收购海外上市公司的先河。

一个优秀的企业家，创建的优秀企业、带出的优秀团队让人赞叹。鲁冠球走了，但他在那个特殊年代——改革开放初期，敢想敢干、勇于创新、勇于实践的精神一定会植入他庞大的企业集团里，并传承下去。

为了怀念这位优秀的风云人物，我查看了他的企业集团具有代表性

的上市公司万向钱潮（000559）：1994年1月10日上市，几乎每年都有分红，隔三差五还有不错的送转。2017年三季报每股收益0.2260元，市盈率39.5倍，2017年10月27日收盘价11.90元，2007年到现在这10年的股价最高峰出现在2015年6月中旬，达32.24元，还被纳入了MSCI中国A股指数。对于一家上市23年的老企业，有这样的品质相当不错了。

我手里也握有和万向钱潮（000559）很相似的公司，它就是国电电力（600795），1997年3月18日上市，几乎每年都有分红，隔三差五还有不错的送转。2017年半年报每股收益0.0860元，市盈率18.9倍，2017年10月27日收盘价3.41元。2007年到现在这10年的股价最高峰出现在2007年10月，达21.77元，次高点是2015年6月的7.69元，2017年最高点是9月4日4.09元涨停。我握有这只股票也有10年了，高抛低吸，现在（2017年10月27日）还有32500股，成本价2.095元，现价是3.41元，净盈利42000多元，盈亏率62.438%。

散户要像优秀的企业家学习，学习他们对塑造企业信仰文化的坚持、对追求科技创新的坚韧、对实现战略目标的坚守。散户如果握有这样一只企业的股票，虽然不可能暴富，但至少可以和企业一起成长，过上小康生活。追随优秀的企业家，也是价值投资的理念之一。

2017.10.27

五　操作需谨慎

5-1 "T+1"的操作方式和10%的涨跌限制，就是我们散户操作上必须要耐心等待的技术性限制

中国股市采取的是"T+1"操作方式而不是"T+0"，股票的买卖时效性受到了部分限制，投机性相对减弱。在当日只可卖出上一日买入的股票，当日买进的股票不能卖出。散户的资金有限，这种限制让散户再次操作股票的能力更加有限。当日买进的股票感觉不妥想卖出时，却受到了"T+1"的限制，想后悔却没有了后悔药。这种限制是针对以散户为主的中国股市，散户跟风操作的特点，如果不限制，可能频繁操作的态势会更加剧烈。

10%的涨跌幅限制，让本性大起大落的股票价格必须呈阶梯式变化。在此告诫散户：要想踏准每个阶梯，这个难度不是散户能完成的事。所以中国股市的趋势在每一天每一天的累加，比"T+0"更难琢磨庄家的

意图。这样的市场想一日暴富是不可能的，只能耐心地做好每一天的功课，认真分析行业、品质、趋势、大盘的变化。

许多散户每天频繁操作，看上去有点小赚或小亏，但几个月或年底一算账却亏了不少，为什么？这就是你觉得赚了2%~3%或亏了2%~3%，但你不了解赚与亏都有税、佣金等费用。赚了2%~3%，实际拿不到2%~3%的利润，亏了2%~3%，实际支出要超过2%~3%。频繁操作实际上是在给国家上税、给证券公司打工，散户有那么大的能力养活那么多的人吗？首先还是要让自己生存好，养活好自己。

2017.11

5-2 怎样看技术分析图表，不要做被淹死的鱼

我不是很专业，分时走势图表对我用处不大，上涨下跌一目了然。至于几点下跌几点上涨对散户没有太多的关联。对于庄家、股票基金经理用处大了，他要知道对手是谁，能量有多大。

我看的主要是技术分析图表，延伸查看周、月周期技术分析图表，了解价格走势，分析价格趋势，再结合看看下方的成交量变化。如果再能看懂各种均线的交织规律就更好了，只可惜自己没有那么多的知识和历史积累，往往是听所谓的专家的喋喋不休，结果没有几次是准确的。因此我总在怀疑，这些"黑嘴"，他（她）们操作过股票吗？

用钓鱼来形容庄家和散户之间的关系可能最形象了。不知道是鱼占优势，还是庄家占优势。鱼最熟悉水性，只要不离开水面，鱼就是赢家。

庄家打窝子、下诱饵，就是要哄你上钩，上了钩你就离开了水面，庄家的耐心比你想象的要持久。中国股市初期庄家一年做四五次局，现在的庄家可能两年只做一个局。

技术分析图表上的柱状线像不像鱼漂？鱼在下面要看清楚，底下有窝子，上面有浮漂，你就不要吃他的饵料，吃顺嘴了你就分不清楚哪是钓饵，哪是窝子里的诱饵。庄家的窝子和股票价格阶段性的低点相重合，这就好似上面没有浮漂，你就多吃两口。一定要克制自己的欲望，庄家的窝子就是一个局，有点像黄土高原上的塬，看似是低点，其实是山顶上的洼地，需要我们把它放在时间的长河里识别。

高位拉升，庄家诱你当接盘者，使你相信价格会持续上涨。他是吸货、出货，主要是出货。

低位砸盘，庄家让已经套牢的你感觉股价依然还会跌跌不休，迫使你割肉离场。他在出货、吸货，主要是吸货。

横盘是市场热点不足，股性不活跃，缺乏题材。但是不要着急，这是一个慢性格或吝啬地不愿付出更多成本吸货的庄家。

记住：好股迟早要往上走，横盘是庄家在吸货；不好的股，迟早要往下走，横盘是庄家在缓慢出货。为什么说久盘必涨或必跌呢？当庄家要有所作为时，他一定要推动股价上涨或下跌，让自己有腾挪的空间。

熟悉水性是鱼必须具备的天性和优势，这就是对大盘趋势的感知。不要被一点波澜左右，你不吞诱饵就不会被钓。你不买就不会高位被套，你不卖，庄家想吸货也拿你没办法。散户总感觉自己是最后一手，一买就跌，一卖就涨。

庄家也有劣势，就是不可能组织散户买和卖。散户是一条自由自在游来逛去的鱼。不时观察庄家，在边缘围剿庄家的诱饵，与庄共舞。如果想狠吃庄家一口，你就做好惊心动魄搏斗的准备吧！

2017.4.27

5-3 选定一只准备买入的股票后，一定要详细地查查它的前世今生

散户追踪自己初步选择纳入"自选股列表"中的股票就不容易了，沪深A股有3000多只股票，我们要求"自选股列表"不能超出300只，阶段性跟踪不能超过30只，这是由散户的精力所致。就是这样千里挑一选出要买的一只股票后，我们依然要查一查它的前世今生，一不小心还是会有重大失误。

我们先列出如何千里挑一的路径，然后再举一个成功的例子和失误的例子加以说明。

这些阶梯一个都不能少，因为它们仅仅是一些基本数据，一定要详细地纵横比较，历史推演：

1. 每股收益必看，它事关市盈率；
2. 营业收入增长率；
3. 净利润增长率；
4. 每股未分配利润；
5. 每股资本公积金；
6. 历年分红扩股情况，股价复权状态；
7. 股东户数变化，筹码集中度状态；

8. 发行时的状态，每股面值、原始发行价尤其要重视；

9. 过去的影响力。

尊重过去的影响力曾让我选择了美好集团（000667），现在叫美好置业，历史上它叫名流置业，就是因为我很早在南方见过这个名流置业地产公司，我相信"瘦死的骆驼比马大"。当 2013 年 6 月它最低达到 1.61 元时，我开始吃进它，我的持仓成本不到 2 元，2015 年 6 月它最高达到了 9.88 元，给了我丰厚的回报，现在它也还在 3.5 元左右徘徊。这是个成功的例子。

举一个出现重大差错的例子——紫金矿业（601899）。2009 年元月慰问老干部，当我走进一户年近 80 岁的老知识分子家时，看见他正在电脑上炒股。那时我初入股市两三年，便好奇地凑上去看，老知识分子介绍说，他在旧上海就炒过股，他们家是炒股世家。噢！厉害！他指着电脑对我说："这是一只好股，10 元以下都可以吃进，你记住，它是紫金矿业（601899），黄金股，1899，要发久久，它挖出来的就是钱啊！都不要出售地好不啦！"我回去一看已经跌破了发行价 7.13 元，赶紧买进了一些，那时也没有多少钱，还真让我小赚了一点。2010 年它又到了 5 元以下，我又开始进入，几经高抛低吸我的持仓成本在 4 元左右，微微有点盈利，我想已经很保险了，它的历史高位是 22 元啊！谁知它后来长达近 4 年的下跌、盘整，最低到了 2014 年 7 月的 2.11 元，要不是 2015 年 4~7 月走出的一波行情，达到了 7.49 元，现在我还是被套牢者。

在那被套的 4 年里，我无数次地看它的发行上市的状态：发行价 7.13 元、上市开盘 9.98 元、收盘 13.92 元，每股摊薄市盈率 40.69，半年内就跌破发行价，到了 2.97 元。为什么？为什么？细细一看，我的妈呀！发行时每股面值不是 1 元，而是 0.1 元，也就是说它的发行价应该是 71.3

元，最高它就是 220 元！我为什么没有看到啊！

记住：选定一只准备买入的股票后，一定要详细查查它的前世今生！

2017.10.16

5-4 股票总有一天会达到你所期望的心理价位，没有达到，那是你的耐心还不够

这个世界应该是人人赚钱的世界，长辈教育晚辈时不是经常说嘛：不赚钱，花什么？！可事实上，这是个人人花钱消费的时代。人人想赚钱，但赚钱太难。花钱的本事不用遗传，代代放大。赚钱的本事苦心传授，成效却如昙花难现。也许因为人从小就是从花钱开始的，遗传基因密码的顺序就是花钱—赚钱，儿孙辈多的时候记忆差，只记住了顺序前的花钱，而把后面的赚钱忘了。

道理归道理，现实归现实，但事实有时比道理还现实，不然西方哲学家黑格尔怎么说出那句至理名言："存在的就是合理的。"

老百姓常说："天下没有吃不了的苦，只有享不了的福。"一开始听了这句话觉得很奇怪，怎么可能有享不了的福？看到《红楼梦》里也有这句话，再看看刘姥姥进了大观园后的种种表现，这时才理解，真是有消受不了的福气。套用一句话就是：天下的苦都是一样的，而福各有各的不同。

我有个朋友，平均 17 元多买入中信证券，套了六七年，2015 年迎来了股市回暖，找着密码打开来一看，一股赚了一两块，3 万多股，赚了 7 万多块钱。心跳手抖，打电话咨询我，我查看后回电话，不要卖！一股赚 10 元以后再卖，而且还是一点一点地卖。但我 3 天后出差回来，

085

朋友已经一股不剩了，赚了七八万全抛了，只赚回来这些年投资成本的银行利息钱。六七年的套牢都能苦熬，发现赚了钱，六七天的忍耐都不敢坚持，说是怕再次被套牢怎么办？后来中信证券最高涨到了 38.40 元。

被套牢是常态化的散户们，许多人都是这样，就像没钱打麻将的人，牌一听口，就耳热脸红手发抖，老牌友知道这伙计听口了，更加谨慎就是不放和。散户练就的承受力不仅仅是亏损时的忍耐，还有把握收获成果时颗粒归仓的坚持。

经济学家说股民分析了种种影响股票的因素，得出的结论基本上是一个中等偏左的值，就是说实际结果比他预测的值高的还要高，低的还不够低。所以散户一定要有耐心，我们的耐心，真的不够。

2017 年 5 月初，承德露露（000848）股价回落到了 10 元以下，我就跟踪上了，给自己定的心理价位是 9.58 元，但是跟了一个多月阶段性低点就是 9.61 元，还在慢慢抬高。6 月 12 日分红除权 10 股 4 元，股价还是没有低下来，除权前股价阶段性高点达 10.47 元，除权后高点达 10.07 元，于是我把买入价位抬高到了 9.69 元。

2017 年 7 月 11 日晚，看到乐视贾跃亭跑路的微信，想有没有必要把买入价位恢复到 9.58 元原来的设定呢？想想也没有必要，承德露露和乐视也太远了，现在承德露露的市盈率还不到 20 倍，2016 年的分红达现金 10 股 4 元的不错表现，大盘也在缓慢抬高，买了一个多月都没有买到，跌了不是买入的好机会吗？晚上的隔夜委托我还是挂在了 9.69 元，第二天，股价击穿了 9.61 元，直接到 9.50 元，收盘在了 9.62 元，我处于亏损状态。

我的耐心还是不够的，最早设定的价位是经过理性分析，在冷静的状态下得出的结论，一再告诫自己不要轻易改变，结果还是没有把握住，事实再一次教训了自己。承德露露可能还会下行，说不定会再次验证低的还不够低的道理，拭目以待吧！

当晚承德露露（000848），我挂在 9.46 元和 8.98 元两个价位上，准备承接再次的下探，明天见！

2017.7.12 晚

5-5 把止损、割肉、抛售，变成换股

买股要谨慎，散户资金不多，我们一直在强调要最大限度地持有股票，买！买！买！只有买到股票，才是我们收益的基础，持有现金是不会给我们带来多少收益变化的。这第一步一定要走好。有了这好的第一步，我们所说的"打死都不割肉、没有下跌 15% 止损"一说才能成立。

但已经盈利的股票疯狂下跌，或涨得让人心慌，不如调仓换股。各举一个例子：

1. 疯狂下跌的。量子高科（300149）2016 年 12 月 24 日停牌重组，2017 年 9 月 24 日复牌后，几乎是连着三个跌停板，我在 9 月 27 日 13.8 元卖掉了停牌前还剩的 600 股，和停牌时的收盘价 19.42 元相比已经损失了近 1/3，少赚了 3300 多元。赶紧现价 3.03 元买入了利欧股份（002131）2700 股，看来那 3300 多元到手的银子，只能靠这 2700 股利欧股份去背回来了。

2. 涨得让人心慌的。伊利股份（600887），从 2017 年 5 月 9 日的阶段性最低点 17.38 元，一路上涨到国庆节前 9 月 29 日的最高点 27.88 元，涨得让人又喜又慌，28 日晚利用隔夜委托，阶梯式地挂了 11000

股。最终成交了4000股：26.95元成交1000股、27.21元成交1000股、27.47元成交1000股、27.73元成交1000股。赶紧现价11.61元买入了9400股众生药业（002317）。

散户一方面要精心研究我们持仓股票的变化，让收益最大化，逮着的兔子不能让它跑了；另一方面，要努力挖掘在不停变化的股市中，那些已经进入价值投资区域的股票，当我们手里有了资金时，就把它们收入囊中。这两个方向必须同时发力，只有这样，我们才能做到把止损、割肉、抛售，变成换股，最大限度地利用好散户有限的资金，让自己的收益向着我们期待的方向发展。

2017.10.5

5-6 由"长城学"联想到中国股市，散户在股市中可以积极地防御

2018年4月13日晚上，我在电视上看《罗哲文与古迹》节目。当看到罗哲文问一位同行："《红楼梦》一本书都能成为一门学问——红学，长城这么伟大的建筑，延续若干朝代的修筑历史，为什么不能创立一门长城学"时，我边看边放开思绪进行思考。

中华民族是一个爱好和平的民族，内敛而隐忍，大多数人的处事之道是"各人自扫门前雪，莫管他人瓦上霜"，有的甚至是"鸡犬之声相闻，老死不相往来"。我对长城的解读就是这个民族想把国家围起来，为国砌一道墙。

但听到罗哲文先生对长城的解读之后，我立刻明白自己的解读过于

表面。长城是农耕经济与游牧经济的分界线。游牧民族生产生活过于分散，很难找到交易的场所。因此当他们没有了生产生活资料时，就对固定居住的农耕民族进行抢掠与骚扰。国家的领土一旦失守，农耕民族就不能安居，而长城就是用最低的成本防范这些抢掠和骚扰，并让农耕民族得以安居的最好办法。而若是再开放若干个关隘，就形成了游牧民族与农耕民族有序的交易通道和市场，是国家管理的一种手段。真的难说是防御还是进攻，这颠覆了我以前对长城仅仅是防御的理解。

顺着这个思绪联想到散户，我想问自己：散户在股市中只能被动地防御吗？

散户对防御的理解不要过于表面化、简单化。我之前说过，中国股市的绝大多数银行股，就是散户的"压舱石"，持有它们，实际上就是积极的防御，2017年年底至2018年年初它们以白马股积极进攻（上涨）的表现，印证了我的判断。

现在各类机构和专家推荐的国企改革类公司股票，应该是下一个积极的防御性品种。只是我们要认真分析、区分和判断，在自己能承担风险的情况下，择其一二，参与参与。

2018.4.15

5-7 落一叶而知秋，股市中散户仔细观察、寻找规律，照样可以把握动向、追随趋势

2017年4月我在长沙度假，看见了许多喜鹊窝。我有几十年观察喜鹊窝的习惯，看到长沙的喜鹊窝上密下疏，感到有点奇怪。南方天热，

窝一般比较简单，体量也较北方小得多。今年的窝有点大，窝篷也很用心。我跟夫人说：今年长沙可能雨水较多，气温较高，湿热。夫人问为什么，我说窝顶很密，说明雨多；窝底稀疏，说明湿热。

2017年7月3日0时12分，湘江长沙站水位上升到39.51米，创下有记录以来的历史新高。这一水位比1998年创下的39.18米的历史纪录高出0.33米。湘江中的橘子洲头浸泡在水中，浏阳河溃堤。

我在读初一（1971年）时下乡劳动，听当地人说，每年种地、盖房子、挖排水沟，都要在二三月份喜鹊筑巢时，观察建窝的状态，以预知来年的雨水多少。

经过这40多年的连续观察，我感觉准确率在百分之七八十。大自然中有些现象不可思议，比如蚂蚁堆挤在洞口，可以预示几天后有大雨；燕子低飞或密集高飞，预示几小时后有雨。而像喜鹊这样可以预示半年乃至一年的雨水状态，真是神奇。

遇到水旱灾害，人们总会问为什么不事前准备好，不要让水成为水害，而成为水利。我国所有层级的政府机构都设有水利部门（水利部、水利厅、水利局），足以证明对水情的重视，然而水患来时，我们都没有准备好。过去看古代小说，朝廷往外放官，都要问这个官是能治水还是能抗旱。因为农业社会，涝旱灾害太频繁，不要把治水的放到了抗旱的地方，误了农时、误了黎民、误了政权稳固。

储水抗旱、截水分洪，变水害为水利，是我们要在水患来之前就要完成的事，但这需要对每条河、每条沟、每片湖、每座山地仔细观察、规划，事先要把它准备好。

散户做股票，缺少理论，技术运用也不到位，但我们可以盯着不多的几只优质股，常年跟踪，用笨办法，给自己设立不同阶段的箱体高低点位，高抛低吸，增加自己的收益。不要道听途说，更不要贪多嚼不烂。

2017.7.4

5-8 操作股票有时候为了抢时间，往往只能牺牲价格

大盘指数总是牵动着股民的心，可往往有许多时候看看我们自己的持仓股票，仿佛大盘指数又和我们没有一点关系，个股和指数的背离确实让我们很痛苦，其实这也是板块轮动的另一种形式，这其中的奥妙每一次的出现都是不一样的，需要我们慢慢了解，深刻体会，这就是一个老股民经验丰富的过程，也是新股民初步认识股市的开始。

2017年8月18日，几年前6.088元买入的滨化股份（601678）如今以9.79元卖掉了1000股、9.88元卖掉了2000股。感觉大盘指数还在低位，应该还是做多的区间，还是要持有股票，也盯了很长时间浙江永强（002489），当天虽然还没有到阶段性最低价位6.01元，但也只有6.27元，于是现价买入了4700股浙江永强，却是6.28元成交。一直到收盘时，浙江永强都是6.27元，为什么我现价成交的就是6.28元，感觉很郁闷。

晚上躺在床上，细细回味，想起了股票成交的原则：价格优先；在同等价格时，时间优先。也就是说买入时谁出的价格高，谁就容易买到；卖出时，谁出的价格低，谁就容易卖出。我当天现价买入，肯定在时间上是落后于他人的，要想成交，就只能是价格优先了，高出

现价1分钱就买入了，应该高兴啊！

　　想明白了，也就释然了，于是酣然入睡。

2017.8.19

5-9 在操作中尤其要明白股票市盈率是动态的

　　九月大盘久攻3400点而不过，有人说3400点是魔咒，有人说是缺乏领头板块，说法都有点道理，但也不完全是。3000点不过时，说3000点是魔咒，3300点也这样说，股市就是这样，有时是沉舟侧畔千帆过，病树前头"又一春"。有时又是黑云压城城欲摧，大盘一片茫然绿。很多时候股票指数都是在期待中坠落，在迷茫时却跳上希望的高台。所以，投资大师巴菲特才说：我总是在别人绝望时发现希望。

　　九月香港股市房地产股大涨，九月中旬内地房地产股也有异动的迹象。有人马上推测说，此次突破3400点的领头板块找到了！是次新股板块和房地产股板块。

　　散户听到这样的消息要认真地分析，去年以来我对房地产股是拒绝的，它们多数盘子很大，这么多年来也已经上涨过几轮了。但有这样的呼声，我还是要研究研究。一看不要紧，这一次我浏览了沪深A股市盈率在15.5倍以内的170只股票，竟然发现有15%的是房地产股。

　　股票市盈率是动态的，现在的房地产股已经回落到价值投资的区域了。各地政府都在管控房地产价格的过快上涨，但是这匹脱缰的野马就是没有回头的迹象，说到底，就是中国城市人均土地资源太少，城市化推动涌入的城市人口硬需求太强烈，又赶上了中国人均收入大幅提升的时代。房地产总体向上波动的趋势，在短时间内是不会改变的。很多中外人士预测中国房地产市场要崩盘，我估计在他们的有生之年是看不到这一现象的。

股市是联动的，沪港通、深港通以后，香港股市与内地股市的互动越来越明显了。这一次房地产板块已经具有了再次领头突击3400点的资格了。散户们可以根据自己的承受能力，选择自己喜欢的个股参与参与。

至于说到次新股能不能成为领头板块，我的感觉是大部分次新股股价已严重价值透支，一些价格回落的次新股也在时不时制造上涨现象，过早开板的次选股也在时不时挑起人们上涨的欲望。我判断次新股成为领头的板块胜算不大，但一定会是推波助澜、跟风而行、不可小觑的力量，敢于冒风险的散户也可以参与参与。

2017.9.20

5-10 股票的品质非常重要，可许多时候，股票价格的上涨与下跌是由共识决定的

2017年6月有两件事让股市的热闹多了色彩。

一件事是6月初的"兜底式增持"，多家董事长喊自己的员工增持自家公司的股票，"亏了是我的，赚了是你的！"带头喊这话的是奋达科技（002681）、安居宝（300155）、乐金健康（300247）。接着骅威文化（002502）喊出了"兜底+保利"的增持方案，不但兜底，还保证收益增加10%。可是没热闹几天，真的需要诸位董事长们兜底了。董事长对

自家的股票很有信心，员工也很有信心，可是市场缺乏共识，股票价格就是不上涨。

另一件事是6月下旬A股有可能纳入MSCI新兴市场指数，有169只标的股票。有些股票黑嘴又放话了，"会给A股市场带来千亿元资金注入"，许多人又要狂欢了。但是不要高兴得太早，我们对"沪港通""深港通"寄予了多高的希望啊！不就制造了一点点死水微澜嘛。下周就要见分晓了，有些专家说可能性超过了60%，但愿这第四次能够纳入。更多的奢望就算了，真的纳入了，A股市场至少在国际化的道路上前进了一步。

无论是"兜底增持"的股票，还是纳入MSCI新兴市场指数的股票，我相信这些股票的品质都应该是不错的，但要据此买入赚钱就要谨慎了。股票的上涨与下跌许多时候是由共识决定的，而不是品质，但品质容易让市场形成共识（这也是价值投资的理论支撑），这就是股市的魅力，就像足球，往往是意外成就了精彩，精彩决定了胜负，而不仅仅是实力。

2017.6.12

5-11 好消息，不是空飘的气球，不可能一直拉着股价不停地上升

嗨！好消息来啦！上海要建自由港了！

2017年10月底，上海自由港概念兴起，我手持的22100股上港集团（600018）走强，我细细地把这只股票又审视了一遍：2017年上半年每股收益0.1455元、营业收入同比增长8.45%、净利润同比增长

15.62%、市盈率 26 倍。列入了一堆相关指数：上证 180、国证服务、红利指数、巨潮 100、中证 100、沪深 300，让人欣喜的是它还纳入了 MSCI 中国 A 股指数。

数据基本上是中等微上而已，于是我把未启动前微利的上港集团，在启动后的 2017 年 10 月 20 日以 7.8 元左右的价格卖掉 12100 股，10 月 23 日以 8.51 元的价格卖掉了 1000 股，平均每股赚了 2 元多一点。

我感觉上港集团还会更好，但是我不敢握得更紧。

4 年前，2013 年自贸区概念兴起，我买的 4 万多股宁波港（601018），最好的时候赚了 30 万元，是给我带来 30 万元利润的第一只股票，我还不抛，还说它会带来 40 万元利润，结果最后回落到不足 10 万元，现在虽有回升，也还不足 20 万元，煮熟的鸭子真的飞了几只。

经济学里的"边际效应"也可应用到股市里。人们多一半是运用于购买股票时的价格衡量，如果买得高了，利润边际就会降低，你买的价格越高，你的利润边际就会越早到来，也就是套牢的开始，甚至是套牢的高点。

而我理解的"边际效应"恰恰是卖出时的利润点，以往我常常是想追逐最高点，却事与愿违地错过了卖出的最佳点。

就像我现在依然持有的自贸区时期的热点股宁波港（601018），有了 30 万元利润，还在想 40 万元。恰如小时候听到的故事一样：一个人捡了一个鸡蛋就开始幻想蛋变鸡、鸡换羊、羊换马、骑着大马娶村里最漂亮的姑娘。一泡狗屎滑倒，鸡飞蛋打，梦幻破灭。

股市里最美妙的故事都是诞生在欲望中，股市里最凄惨的悲剧也都是诞生在更大的欲望中。

好消息，不是空飘的气球，不可能一直拉着股价不停地上升。

"边际效应"理论告诉我们，投入和收益有一个临界点，到了那个边界，再增加投入，收入和投入相比，不仅不会增加，效益反而会递减，因此这一现象也被称为"边际效应递减规律"。转折点即将出现前，我们要用我们自己的观察，提前测算边际的到来。用中国民间俗语解释，就是"月满则亏，人满则危"。

　　上港集团（600018）的股票价格应该可以超过10元，但我已有了近40%左右的收益，已经非常不错了，而且卖出后有更好的低价优质股票可以买进，既防范了风险，又买入了无风险的低价格股票，何乐而不为呢？

2017.10.26

5-12　没有永远上涨的股价

　　这段时间人们都在议论茅台股份，是因为茅台股份的价格越过了500元，又越过了600元，有人说马上就要越过800元了。还有人居然列出了数据公式，说10年后的茅台股份要涨到1股3820元，不信就和你打赌，输了他去偏远山区资助贫困学生。但这么高的茅台股份股价已经和散户没有什么关系了，它就像珠穆朗玛峰的雪帽和巅峰上常年飘扬的旗帜风云一样，只可欣赏远观，不可靠近攀登。

　　大家可能还没有忘记，当中国股市奔向6124.04点的途中，2007年8月6日第一只200元的股中国船舶（600150）诞生时，人们欢呼雀跃，那时茅台股份也只是越过了百元大关。后来中国船舶在2007年10月底达到了最高价300元整，再后来一路下降，目前是20多元，期间有送转，复权后也达不到百元。

由此，我想到了我工作经历的故事。我首次参加工作的单位是毛纺织厂，当时在全国的轻纺界都是有名的，出口"滩羊牌"纯毛毛毯，在国外的评价也很高。那时只是一般工人不关心那么多，只知道陕甘宁、内蒙古西部地区，20世纪七八十年代没有一对纯毛毛毯是结不了婚的。要的人太多，厂领导研究决定每个职工每年发两张票，可以购买一对毛毯，解决一对新人的结婚问题。就这一招，不仅解决了民生问题，实际上让计划经济时代的工厂跨入了市场经济时代的订单生产。可是后来要的人太多，领导们把这项职工和领导共享的权利收归领导特有。朋友再来买毛毯时，职工只好说别的厂子的毛毯也不错，不一定要"滩羊牌"的。后来拉舍尔毛毯出现了，又绵又软，颜色更加漂亮，完全符合结婚时新人的心态。"滩羊牌"毛毯就此衰落，再加上其他原因，厂子很快就倒闭了。

这个经历告诉我们，需求是在共识中产生，共识是需要基础人群的，没有庞大的基础人群，就不可能形成市场化的消费共识。这也是为什么公司、厂家要做广告的重要原因和基础，他们是通过品牌推广，让庞大的人群加速形成市场共识，尽快带来市场收益。

股价也一样，也是在共识中产生的。但共识不可能永久不变，再有魅力的上市公司依然会有经营管理瑕疵，消费者也会有审美疲劳和追逐新潮的时髦本性，尤其是当替代者出现后，会加速市场的更迭。

2017.11.1

5-13 2018年的开年之喜，红色的第一周

2008年10月31日上证指数跌至1664.93点，是2007年10月31日中国股市涨至最高点6124.04点之后的最低点。10年了，人们对中国股市充满了新年期待，而开年的第一周也没有让股民失望。

在1月5日晚上，我看见了两大喜讯：

一是国家统计局5日发布《关于2016年国内生产总值（GDP）最终核实的公告》。2016年GDP现价总量为743585亿元，比初步核算数减少了542亿元；按不变价格计算，比上年增加6.7%，符合国际国内测算机构的估算，也符合股民的期望。一个良好的社会经济增长速度，是股市保持上涨的原动力。

二是周五股市收盘又收红了，2018年第一周开盘，开市4天，天天收红，加上去年年底最后两天，已经是六连阳了。希望这样的涨势能够继续，虽然离2017年的最高点3450.49点还有一段距离，但涨势还不错。

有这么多的利好，2018年的慢牛行情应该要好于2017年吧！2018年应该在4000点的箱体上下波动，最好能时不时地突破5000点，让中国的股市也和它的国际经济地位相匹配。美国股市在不停地创新高，都25000多点了，仅仅是次贷危机以后上涨的指数，都已超过中国股市指数的两三倍。

中国经济国际化的步伐正在逐步加快，人民币列入国际货币篮子，中国A股列入MSCI指数，"一带一路"倡议让更多的中国公司走出了国门，中国人的旅游视野得以提前全球化。中国股市没有理由不上涨啊！

2018年，希望监管部门监管得再严一点，让上市公司信息披露得更加及时、真实一点，让散户唯一的信息来源靠谱一点，再靠谱一点。

据说，2017年全球百家股市的表现，中国A股沪指涨幅是倒数的。希望2018年它的涨幅能够多一点。

2018.1.6

六　认识自己

6-1　如何分配家庭收入进入理财领域

你家庭的基尼系数如果在 0.4 以上，那还处于生活生存状态，每个月拿出千分之三，买买彩票就可以了，给生活添一点色彩，给家庭增一个希望。努力工作，努力奋斗，时不时业余兼职，逐步增加家庭收入。

如果基尼系数在 0.25 左右，你就进入储蓄、银行理财领域，一定是银行支持的理财产品，不然风险太大，一招不慎让你又回到生活生存状态。因为你还有每年一两次家庭成员外出旅游的需求，你还面临着住房改善的需求，那也是一大笔必备的投资。

如果基尼系数在 0.1 以下，银行也有了防范家庭风险的储蓄，住房也已经过两三次改善，你就可以拿出家庭财产和收益不超过 15% 的比例进入股市，并在两三年内让股市资金上升到 30 万元~50 万元，直至 50

万元以上。如果达不到这个数额，也不要急于进入股市。因为既然进入股市，就要认真研究操作，资金太少，就没有必要用那么多的精力，下那么大的工夫。

2017.1.18

6-2 对家产资本认识的四个阶段，你什么阶段进入股市

家庭财富的积累是有阶段性的，第一步家产阶段，第二步财产阶段，第三步资产阶段，第四步资本阶段。后两个阶段就应该进入股市了。

家产阶段。只有生活资料，没有什么生产资料，变现的可能性几乎为零，卖掉一件就致使家庭生活缺东少西。

财产阶段。生活温饱解决了，有了一些保值物品（首饰、收藏品）、生产资料（车、电子产品等），具有了变现能力，但储蓄还只是为了防范风险和改善居住条件而准备，没有多余的现金。

资产阶段。生活进入小康，储蓄理财产品防风险有余，房屋已作为投资，有一两套非自我居住用房，形成了财产性收入，这时可以考虑15%的家庭收入入市了。

资本阶段。家庭财产性收入已超过工资收入和日常小买卖经营性收入，资本的计算已是现金流的考量。这时可以考虑做原始股东了，如不愿意成立公司，就适量地投入股市，做一个百万级的散户吧！

2017.1.19

6-3 账户资金少于 30 万元的，还是退出股市为好

我概念中的散户就是 100 万元以下、50 万元以上的投资者，为什么要劝 30 万元以下的投资者退出股市呢？是因为这样的散户资金不多，买了几只股票后就没有钱了。账户盈利的还好，要是亏损的，有的看都不看。这样的炒股方式，决定了你盈利的可能性很小。

股市机构、大户等炒股庄家，在对某一些公司感兴趣后，会深入该公司所在地进行现场调研；持仓后，会每天复盘、推演，了解前 30、60、100 位持仓大户的持股数额变化；每周或每月要出持仓股票的研究报告，这就是我们一直在说的庄家绝不打无准备之仗。

我国股市绝大多数是散户，炒股完全凭感觉或是听信朋友的推荐而操作，完全没有自己的主张，更不要说还有那么多操作上的调研、复盘、研判等程序上的行为。其实，炒股是一件十分专业的事，政治、经济、科技、文化等知识都要掌握，还要掌握资本市场的相关知识，还要有持续关注的热度与激情，并且要给自己强制设立一些操作上理性判断的程序和步骤，不是三天打鱼两天晒网就能应对得了的。

绝大多数散户亏损的原因我们大体找到了：缺乏专业常识、资金太少没有腾挪空间、热情受到打击时欠缺持续关注的力度、没有理性的判断程序等。

那为什么这么多散户还是不愿退出呢？最近看了 9 月初胡润研究院发布的《2017 胡润财富报告》，好像明白了一点。报告归纳出来我国这几十年成为亿万富翁的三条路：75% 的靠创业、15% 的靠炒房、10% 的

靠炒股。股市中炒出亿万富翁的神话，牵引着散户的神经。散户们总以为仨瓜俩枣碎银子也能堆出亿万财富，那是不可能的。

要想有所成就，就要补齐自己的短板，伴随着时代的发展，有步骤地前行。梦想是要靠努力才能实现的，这是颠扑不破的真理，无论是创业，还是炒房、炒股。也许你一生与亿万富翁无缘，但不影响你有一个别样的人生。记住那句很励志的话：我，就是我，不一样的自我！

2017.9.8

6-4　证券公司门口看车老人的智慧炒股法

门可罗雀时，也没有什么车子可以看了，老人进场，像捡地摊白菜一样，一边听伤痕累累的股民诉说炒股的血泪史，一边同情地安慰几句，顺便问问哪几只股票不错，众伤者纷纷推荐，老人问为什么，伤者说出了若干理由，老人一一记住。

我看过一本澳大利亚华人写的讲述赌博故事的纪实小说，说赌场就有那么一些一肚子赌博经的潦倒者，他们已经赌得什么都没有了，就剩下了一肚子的赌博经，往往他们的经验很管用，给赌博者参谋参谋还能混两个吃饭钱。他的经验那么管用，为什么又如此地窘迫呢？就是管不住自己的欲望，在该收手时不知道收手。

老人在门可罗雀时买入的股票，在证券公司门口再次像闹市一样时卖出，赚得很知足。门口的冷清与热闹就是指挥老人买入卖出的晴雨表。有人把这种炒股的方式，形象地总结为"收市时的菜篮子法"，在收市时价格回落，捡一点便宜货，在紧缺时抛出。

我们一直在强调要认识自己，少动多看。认识自己的关键是看到不足，见贤思齐，增长和储备各种政治、经济、市场、金融、证券知识。少动多看就是要管住自己，给自己强迫定几项硬指标和措施，例如：应该了解而没有了解不动；不到预设的点位不动；没有列表跟踪想买入卖出的股票，分析不到位不动等。

所有的人和书都是教你如何操作，我是希望你懂得如何不要操作。这个世界只有个别人是在轰轰烈烈中成功的，绝大多数人的成功，都是要耐得住寂寞、经过煎熬，以非常人的坚持、坚守，才能有所收获。

2017.5.29

6-5 不建立自己的分析判断标准与系统，就会让自己失去买入卖出股票分析判断的依据

我们许多散户就是听小道消息买卖股票，从来没有自己的分析判断。他们的理由是上市公司的数据不可信，许多公司还存在造假的现象。

进入股市之前我们都会接受风险教育，更多的内容我们可能都没有记住，但是有一句话我们一定记住了：股市有风险，投资需谨慎！这十个字其实够我们受用一辈子。

进入股市，首先要相信经过推荐机构和监管部门审核通过的上市公司，同时要相信上市公司经过备案后公布的季报、年报。这是散户建立自己分析系统唯一的基础性数据，网上信息和一些分析性的文章只能作为参考。

一定要有自己的判断，这一点十分重要，任何小道消息、网络信息、

专家的分析文章，只是用来佐证自己的判断是否正确，一定是修正而不是替代。在没有形成自己的判断之前，不要做决定，这就是投资需谨慎！

网上曾经流传着一个故事，现在成了一个笑话。说一个70多岁的老人得了癌症，自己手头只有30多万元的存款，有两个儿子，他不想做手术，想把钱留给孩子，但这点钱也没有什么可分的。于是他做了一个此生他认为是最重大的决定，选择低折扣的航班，买两份保险，盼着飞机坠落，这样两个孩子就能分别得到一份保险赔付额度。结果是30多万元花完了，飞机也没有坠落。

飞机也许会坠落，但是不是你这架航班坠落，你没有办法确定。我们选择航空出行，是基于我们对航空公司的信任、对航空飞行器的了解和信任，我们是在享受飞机从甲地到乙地的飞行状态。

这就像我们都相信物质是运动的，运动是有规律的定律一样。我们选取参照物，生活在相对静止中，这样我们才能有方向感，才不至于找不到北。

弱水三千，我只取一瓢饮。我们往往生活在事物的相对环境之中，也就是个案之中。因此，收集并分析股票个案是十分重要的。

2017.7.22

6-6　散户不要轻易融资融券，给你个杠杆你也撬动不了地球

据说到2017年9月两融资金又超过了万亿元，2015年股灾高峰时融资融券资金达到了2.2万亿元，现在又超过一半了，"好了伤疤忘了疼"

这句古训对股民没有一点作用。看来灵长类动物有火中取栗的嗜好，那股诱人的焦香，就是身体留有记忆的疤痕，也还是会不断地在眼前晃动、鼻尖漂浮，不然怎么一到夜晚，满大街都是烧烤的味道。

股市外有两股资金常常搅得股市不安。一股是"热钱"，也被称为"游资"，打一枪换一个地方，赚了就跑。来有由头，去有影踪，可是来势凶猛，出手凌厉，具有破坏性，但各国对付游资都有自己的办法。另一股，是加杠杆资金，合法的是融资融券资金。两融资金是质押性质的资金，金融机构对每一个融资对象的评价是不一样的，给出的质押比例也是不一样的，但最高没有超过50%的，也就是我们俗称的对半作价。到了危险的警戒线，金融机构都会提示融资对象补仓，没有补仓能力的，就会强行平仓，也就是人们通常所说的"爆仓"。

"爆仓"的危害是极大的，极易引起连锁反应，会让品质不错的公司一夜跌入深渊或摘牌出局。2015年股灾时，一些上市公司质押回购本公司的股票救市，但股市的持续下跌，让救市成为泡影，一些公司的质押就已经达到了"爆仓"程度。要不是国家队及时出手，一旦"爆仓"，被拖入深渊的不仅仅是上市公司，还有持有该公司股票的机构和散户，甚至祸及金融机构，后果不堪设想，太可怕了！

散户轻易不要融资融券，给你个杠杆你也撬动不了地球。上市公司和机构都难以抵挡"爆仓"的危害，何况我们散户呢？一旦"爆仓"，将终身难以翻身。进入股市发财的梦想，就永远是一个遥不可及的梦想了。

金融行当里，开弓真有回头箭，君不见，多少跑路者都是在躲避追风夺命的回头箭的。

2017.9.22

6-7 浅谈喜鹊和喜鹊窝给我的启示——关于风险预警

小时候听过一首儿歌，它是这样唱的："要学喜鹊造新房，要学蜜蜂采蜜忙，劳动的快乐说不尽，劳动的创造最光荣！"喜鹊的形象总是繁忙勤劳、对生活充满希望的。但通过最近10年的仔细观察，我发现了喜鹊还有很多新的特点：性情凶猛，若是惹怒了喜鹊，它们就会群起而攻之，重创来犯之敌；小喜鹊还是"啃老族"，不长到和父母一样大绝不出窝；喜鹊的生存能力很强，在全球的分布范围很广，只有麻雀可以和它匹敌。

喜鹊的分布范围这么广，除了它食性较杂以外，还因为它对气候变化超级敏感，可以通过预知气候来建造不同的窝，从而适应环境、躲避灾难，所以我们每年都能看见喜鹊在繁忙地造新房。

2017年3月，我在湖南长沙度假，从喜鹊窝的形态预测长沙当年雨水多、天气炎热，同年7月湘江出现50年一遇的洪水，天气闷热无比。

2018年2~3月，我又观察到银川以西喜鹊窝的新变化：今年喜鹊把高处的窝挪向了低处；选择坐窝的枝干明显粗于去年；窝的进出口有一大半是不敞开的，有的还是圆洞型（方便钻出钻入）的洞口；喜鹊窝的外形弧线更圆润。因此我预测：今年银川风大、雨多、温度炎热。

没想到今年4月上旬银川就连续刮了三四场大风。银川气象台4月5日先是预报偏北风3级转5级，阵风7到8级，伴有沙尘。紧接着当天22时15分又发布了大风黄色预警信号，预计未来6小时，银川地区将有9级以上阵风。

喜鹊最大的优点就是，它预知到未来的危险后，就马上行动。在股市中，我们散户有时也能嗅到风险即将到来的味道。比如上证50代表的一批白马股，2017年以来已经有了很高的涨幅，是我们应该撤出的时候了，我嗅到了，但依然相信它们还会高歌猛进，所以还在坚守；我也发现医药健康股进入了价值投资区，但我相信它们还会更低，我也期望它们再低一点，让我捡到更便宜的。

现在我们来看看我是如何错过了调仓换股的好时机。下面这些白马股在高点时我应该能抓住：

招商银行（600036），2018年1月24日最高到了35.35元，3月29日低至28.20元；

伊利股份（600887），2018年1月16日最高到了35.93元，3月29日低至26.58元；

中国建筑（601668），2018年1月24日最高到了10.85元，4月9日低至8.45元；

交通银行（601328），2018年2月7日最高到了7.45元，4月3日低至6.10元。

这些价值投资区的医药健康股我应该能捡到：

梅花生物（600873），2018年2月9日低至4.57元；

金陵药业（000919），2018年2月9日低至7.53元；

海翔药业（002099），2018年2月9日低至4.87元；

上海凯宝（300039），2018年2月6日低至5.85元。

由白马股的高价位，调仓换股到在价值投资区域的低价位医疗健康股，规避风险的警示已十分明显，但我只做了很小的一部分操作，大部分都没有动。

高价股在往下走，低价股在往上走，已经错过了最佳时机。我没有喜鹊那么机警，嗅到了风险就马上行动。也许，现在也还来得及，像喜鹊一样马上行动起来吧！

2018.4.9

6-8 向电信、移动运营商学习精细化管理

我们要求散户要勤勉，要精耕细作，要优化投资管理，这是进入资本市场若干年后的必然要求。

不能粗放管理、广种薄收、大而化之；不能没有目标走哪算哪；不能没有选股积累，临时捡入篮子的都是菜。

我们回想一下电信、移动运营商这二三十年的发展路径，就能对比出我们散户为什么大多数投资没有收益的原因了。

电信、移动运营商的发展，我总结为"点""长""宽"三个跳跃阶段。

第一个阶段是"点"，在1995年以前叫"放号"。因电信通信网十分不健全，绝大多数人没有电话，装了电话的人都不知道打给谁，人家卖的是"点"资源——电话号码。我不管你打给谁，你必须要付基本话费和通话费。虽然移动通信"大哥大"有了，但管理方式是一样的，"大哥大"的基本通话费是千元以上，那时人们的工资每月也就二三百元钱，你打不打也要交这么多钱，所以它成了身份的象征。

第二个阶段是"长"，也就是时长。电话使用的人多了，互相打电话

的机会也多了，技术也进步了，电话号码资源不稀缺了，人家开始卖通话时间长短了，许多人动不动因欠电话费而家贫如洗。

第三阶段是"宽"，就是网络带宽。数字技术让时长的概念开始模糊，打包收费也不能满足利润增长的需要了，人家开始在"宽"上做文章了，卖流量。你不是要传图片、视频吗？占我的带宽，我就按流量收费。

电信、移动就是这样一步步走向强大的，下一步要卖什么呢？听说是"云端伴随"，你要个人人生伴随、工作环境伴随、创作创新需求伴随，还是要朋友圈伴随，那时就要卖满足你移动轨迹范围的宇宙空间边际了。想想云端的你和陆地的你无缝连接和移动，卖空间，啊！是不是充满了乐趣和想象力？

和电信、移动运营商比，我们散户不能再粗放管理了。我们要天天巡视自己持仓股票的细微变化，看看离自己制定的利润目标还有多远；我们要天天补充自己的自选股股票，看看下一只白马股、黑马股在哪里；每天要查看两个以上门户网站的股票信息，对任何蛛丝马迹都不能放过。

我最近就有一个遗憾，2017年6月初伊利股份（600887）站到了20元以上，启动迹象十分明显，我立即意识到和它同类的股票光明乳业（600597）一定会跟随。光明乳业那时还在12元左右徘徊，我想用更低的价格买入光明乳业，错过了最佳时机，没有抓住。后来两只股票一路高歌，在2017年10月26日同一天达到了目前的最高点，伊利股份31.22元，光明乳业15.43元。

我这个散户要有电信、移动运营商那样对市场的准确判断，就不会错过这样的好时机了，我还是不够敬业啊！

2017.11.3

6-9 投资优化，应该是我下一节要上的课

北京时间 2017 年 5 月 6 日晚，一年一度的巴菲特股东大会在股神的家乡奥马哈举行，来自世界各地的近 5 万人参会，仅来自中国的投资者就达 5000 人。看来能讨到赚钱的秘方，多远的距离都不是问题。

巴菲特只在中国公司身上投资过两只股票，一只是现在还持有的比亚迪 H 股；一只是 2003 年以 1.10~1.67 港元不等的价格买进的中石油 H 股 23.48 亿股。4 年后，在中国 A 股上证指数创出 6000 多点新高时，股神连续 7 次以 13.47 港元的均价全部抛空所有持有的中石油股票，净赚 277 亿港元，巴菲特在中石油的账面赢利就超过 7 倍，还不包括每年的分红派息。

中国石油（601857）在 A 股 2007 年 11 月 5 日以发行价 16.70 元上市，开盘价 48.60 元，最高达 48.62 元，从此它和这个高度再也没有接触过，在以后长达 10 年的下跌途中，它曾有过两个次高点，一个是 2009 年 4 月的 16.55 元，一个是 2015 年 4 月的 15.36 元，2016 年 1 月出现了 6.99 元的低点。现在，2017 年 10 月 20 日收盘是 8.15 元。股民说："问君能有几多愁，恰似满仓都是中石油！"

巴菲特说中国股市是新兴国家股市，还没有进入到价值投资时代，因此他还在等待有价值投资股票的出现，不过他和另一位投资大师芒格对中国股市充满期待。

股神和大师们都在等待，我们更不能盲从。据说巴菲特在 1994—2003 年的 10 年间，平均每年持仓股票的数量只有 7.6 只。他们的经验是：

111

集中投资相对于分散投资战胜市场的概率更大。

我现在的持仓股票数量动辄是二三十只，甚至是四五十只。我们一直在强调散户的精力、能力、财力都是有限的，一定要集中优势，集中精力，深耕细作。战胜市场是我们每一步操作的标准，那种粗放式、广种薄收的做法，我们一定要尽快克服。

看来，投资优化，应该是我下一节马上要上的课。

2017.10.22

6-10 读点书，再炒股；炒炒股，读点书

写下这个题目，自己都感觉到是老生常谈，还有好为人师之嫌。

那就先按下不表，说点别的吧！

上星期天（6.18），上海东方卫视《笑声传奇》，单口相声演员方清平迎来了自己的第一场胜利，相声的名字没有记住，内容是人人都长命万岁，没有新的人口出生，人人都活腻了，人人都想求死，可还求死不得。这个段子让人在笑声中思考，生命因为是有限的瞬间，才那么美丽得让人留恋。真的人人万岁了，没有陌生的地方，都是老熟人，还真让人腻歪。

星期一（6.19），上班又阅读到《中国科学报》6月9日的一篇文章《记忆力太好原来也是一种病》。文章说，失去记忆是件悲伤的事情，但是记忆力太好似乎也并非一件幸事。世界上有一些人，他们拥有超级自传体记忆，也被称为"超忆症"。一般超忆症会伴随抑郁症，因为无法忘记过去的事。也因为这样的记忆力，只要一安静下来，就会陷入回忆

六 认识自己

之中，特别是对于失败的回忆。

读到这儿，突然感觉以上两件事串到了我们散户身上，我们在股民口中往往只是听到他们过五关斩六将的辉煌，很少听到他们被迫走麦城的悲惨，但只要问到他们的投入和持仓情况，他们都默不作声了。因为割肉的疼、被套牢的苦、跌跌不休的绿，在他们的心中是怎么也抹不去的痛。

6月12日《新京报》又报道了卖猪肉的北大毕业生——《"北大屠夫"陆步轩：读书能改变思维》。

这篇文章让我们把按下的话题又捡了起来。

"未名湖边，北大曾是他改变命运的全部指望；猪肉摊上，北大又变成他羞于启齿的心头重压。"

"好几年我都觉得读书没有用。我一度收起书报，拎着酒瓶走进赌场。我做了五六年职业赌徒，苦心钻研牌技，赢的钱勉强维持吃喝。"

"我再也不跟人提北大，也不准朋友提。读书改变命运，这句话在我身上就像一个笑话。直到2003年《北大才子西安卖肉》的新闻引起轰动。"

"北大毕业还不是照样卖猪肉？""这句话曾经是他心头的一根刺，现在他开始反驳：北大毕业卖猪肉都能开连锁店！北大带给我们最深刻的影响是自由和创新，我迫切地想要挣脱束缚，再干点事情。在猪肉档里浸淫多年，我再次瞄准这个行业，想要打造连锁品牌。前后两次卖猪肉我的心态完全不同，第一次是生活所迫，第二次是事业追求。"

"他用了快30年与北大和解。陆步轩说现在想明白了，读书不一定改变命运，但是读书能改变思维。"

北大的毕业生都要二三十年想通一些问题，我们散户就更要努力了。

113

每一次的割肉、套牢，我们都应该找点相关的书来读读，从理论上、源头上找找发生了什么，慢慢地久病成医，我们就能想明白一些现象背后的原因，操作起来就会得心应手，减少盲目性。

忘掉那些痛吧！不要做一个超强的记忆者，每一次操作都是新的开始。一万年太久，只争朝夕！

2017.6.20

七 使用工具

7-1 金融产品不是我们一般人能研究透彻的，弄清楚个大概吧

炒股的金融工具太多了，许多金融公司、咨询公司、风投公司、网络公司、手机终端 APP 都开发了工具，种类五花八门，但在我看来没有什么大用处。炒股说白了，还是一个个人的实践体验。行与思在这里要瞬间高度融合，想好了再做和做了再想几乎就是一件事。给你一把枪，你想好了，就能一定射中靶心吗？金融产品比这个要复杂得多。

2007 年和 2009 年两次给家人买保险的经历，让我认识到什么是金融产品。

2007 年我买的某万能型保险产品，推销人员给我看的是收益年表，说多少年以后，不但有人身保险，还有收益。还说可附赠购买附加

险——某重疾险，还让我多买住院日额5份，住院费用2份，说是可以选更好的病房和床位，如果没有买主险是不能单独买的。我美滋滋的，感觉这下家人有保障了，谁知道投保六七年后，家人住院，费用不多，3900多元，出院时给保险公司打电话，业务员说医保报销后再和她联系。医保报销后，只剩了1700多元，我心里盘算着我买了那么多份住院费用，这下可以有赚头了。把报销结果给业务员一说，业务员说给她个账号，把单据寄给她，不用见面了。我想现在保险公司的效率真高啊！谁知没有几天，短信息提示1700多元到账。打电话过去说怎么就这么一点儿，业务员说你医保报销完就剩这么多。我说我买的是商业险和医保有什么关系，人家说国家就是这么规定的，一打听还真是这样，那我买那么多份干什么？

回来再细细看保险条款，我的天啊！年收益表换成了年保障成本表，随着年龄的增长保险费千元危险保额都要增加，哪还有什么收益啊！投保10年时，让业务员查了账户里积累了多少钱，说52000多元，我说我已经交了7万多元了，人家说扣了成本了。平心静气地再看保险合同，才发现不死，就是重残了，最多赔付两三万。这不是左手给右手投保，中间还抱着一个不相干的人吗？

2009年买的保险更有意思。我到银行办理业务，被储蓄员和保险员忽悠了，说收益比银行利息高，还有保障，就购买了10万元某保险公司的分红型年金保险。5年后，打电话让领生存保险金，还真领回来了36858.23元，感觉比理财产品的收益还高。我问我买的是什么险，人家说我们是某某人寿，回来细细看条款，身故了有赔投保额的110%~220%，立即终止合同。嗨！这就是一款理财产品，好歹收益还不错。业务员说每5年领一次，你投保了20年，能领4次。

金融产品的格式合同真看不懂，了解个大概吧！解释权不在你手中。

2017.1.20

7-2 进入账户后我们看到了什么

以某证券公司提供的炒股软件为例。通过客户号，输入交易密码和验证码后，我们就进入到交易界面。眉题左上方是：系统、功能、报价、分析、港股期货、资讯、工具、帮助。眉题右上方是：沪深行情、委托交易、网上营业厅、研究资讯。

左右上方我们分别来说，先来说左上方。

散户常用的是"系统"里的"最近浏览品种"，它记录了你最近查阅过的股票，打开它，就可以回忆回忆自己最近关注过什么股票，保持对市场的连续关注热度。

"功能"里用得最多的是"基本资料"，在我们关注一只股票时用得更多，它是上市公司基本概貌描述性数据，了解一家上市公司，基本上都是从这里开始的，我们将单独介绍。

"报价"里用得最多的是"自选股"和"栏目排名"。"自选股"是我们自己建立的感兴趣股票的小档案，我们要时不时地进去看看它们的变化，从中选出我们要买和卖的股票。"栏目排名"用处更大了，今日涨跌幅排名、成交量排名、现价排名、市盈率排名、净资产排名、每股收益排名、每股公积金排名，是对比性的上市公司数据，它们随着股价、业绩、收益的变化，不停地在变，这些不断变化的数据都是我们选股必备的工具数据。

"分析"是展示大盘走势，分析图是我们确定股票买卖的首要工具，它在视觉上就已经直观地展示了股市的冷暖。

"工具"里面"加入到自选股"是我们建立自选股档案时的工具和入口；"设置条件预警"是我们建立自选股档案后的提示性工具，当击穿我们设置的卖出高点或跌破预警低点时会自动提示我们，否则我们建立档案的时效性就会大大削弱、大打折扣。

眉题右上方的提示，我们常用的是"委托交易"，其他也可做浏览。

2016.12.6

7-3 选股神器——"栏目排名"

选股首先从市盈率入手，原则上选市盈率低于 30 倍的。若高于 40 倍，一定要有特殊的理由支持，如题材股、高科技股、世界前沿领域股、中国独一无二股。

其次是行业活跃度，是否是成长行业，是否是热点行业，过气行业、牛皮糖行业（银行金融股）不要碰。ST 类、亏损股远离。

再则，总资产超过 60 亿元，中小盘总资产超过 20 亿元，创业板总资产超过 10 亿元的不要轻易选择。小盘股，成长能力强的，有先天的原始的股本扩张冲动。

第四，股价超过 25 元的慎选。

第五，公积金越多越好，有高送转和频繁送转的能力。

第六，剩余利润越丰厚越好，有抗御市场风险的多样手段，有抢占市场先机的超强能力。

全流通股作为优选的参考条件，跌破市净率的股票优中选优捡漏放入囊中。

在你的股票配置中，要选一些低价位的股票，在钱少的时候也有买入的能力，不要因为钱少而长期不操作股票。我们有许多散户甚至几个月不看仓位变化情况，有的荒唐到连密码都忘记的程度。这是大忌，即使不能做到天天看，也要一周不能少于两三次，那可是你的血汗钱啊！

2016.12.7

7-4 基本资料应用介绍一

还是以某证券公司提供的炒股软件为例，基本资料里一共有12项内容，我们分四次分别介绍不同内容。这次我们介绍"最新提示""公司概况""财务分析"。

"最新提示"是一个概览，在此内容中我们能看到大概的最新财务数据，我们要注意的是每股收益变化、营业收入同比增长情况、净利润同比增长情况。还有两项指标也要牢记，截至上一次年报公布出的每股资本公积金结余、每股未分配利润结余。这两项指标让我们可以看出它的财务良好状况，有时它能起到预警的作用，比如是否有送转能力、是否有多年的持续分红能力。还有最新的公告、最新的报道情况、最新的分红扩股和未来事项。根据提示需要详细了解时，我们再到相关类别资料里去查找。

"公司概况"里我们可以看到公司全称、曾用简称（在这里还可以看出是否有过ST、*ST了）、是否是相关指数股（可显示出在行业中的位置轻重）、行业类别（同类有多少家公司）、上市时间长短、公司注册地址、经营范围、主营业务、历史沿革介绍、发行上市的原始面值、价格、总市值、首日开盘价和每股摊薄市盈率等。

"财务分析"，提供了比较详细的财务数据，前面最新提示的数据满足不了分析股票品质的需求时，在这里可以逐项查找判断。

2016.12.8

7-5 基本资料应用介绍二

这次我们介绍"股东研究""股本结构""资本运作""业内点评"。

"股东研究"内我们可以看出前十大股东是谁和他们的持股情况，还可以看出这十大股东持有的限售股情况。

变化最快的是前十大流通股股东的情况。我们从中可以看到前十大股东的身影，可以看出机构持股的情况，可以看到超级散户的影子。这些数据每季末公布，我们能够看到差不多近两年的数据，这样对比着看，我们就能看出机构、大户、超级散户的许多端倪，从而确定我们追随和抛弃的步伐。

"股本结构"告知我们历年来的股本变化和总股本的构成。以某银行股为例，包括有限售条件股份、其他内资持股、境内法人股、高管股和无限售条件股份（流通A股，实际流通A股），有的股票还有H股。

"资本运作"里能看出募集资金来源、项目投资情况、股权投资情况。

"业内点评"，主要是从第三方视角对公司的一些评价，这个对散户十分重要，因为散户的信息来源十分有限，这个栏目我们要经常浏览，有些还是对公司品质、资本运作的分析性评价，对散户选择股票有直接的指导意义。

2016.12.9

7-6 基本资料应用介绍三

这次我们介绍"主力追踪""分红扩股""高层治理""龙虎榜"。

"主力追踪"我们要好好利用，它有该股细微变化的预测功能。

"机构持股汇总"让我们看到了机构进出的变化，只可惜有时往往统计不完全。

"股东户数变化"有详细的股东户数、户均持股数据，还有轮廓描述式的筹码集中度评价——较分散、非常分散，较集中、非常集中。如果我们准备选定一只股票时，较集中时我们就要开始关注该股，买入时一定是非常集中时。卖出时一定是较分散，尤其是非常分散时。

"机构持股明细"让我们看到了哪些机构青睐此股——新进，哪些机构抛售此股——减持，让我们购买或抛售股票有了参照的坐标。

"分红扩股"列出自从筹备上市以来所有年份分红扩股的情况，我们要认真阅读，对一毛不拔的铁公鸡公司要敬而远之。有时为了追溯一只股票的原始价格和现在价格的对比，我们要复权操作，恢复通过送配后现实股票价格。比如说，原来我们持有某公司100只股票，通过3次10送10，现在已经变成了800只股票，我们要知道800只股票的原始100只股票的价格，就要复权。这一列表就是公司股本扩张的足迹记录，也能让我们察觉出一点公司的经营风格。

　　"高层治理"，在这里有高管组成人员简介、高管人员的持股变动情况、高管之间的血亲关系。我们可以看到上市公司几乎有一半以上都是家族企业。

　　"龙虎榜"让我们看到大宗交易和主力、大单资金流向，它表明热点正在形成或主力正在逃脱，我们要密切关注。

2016.12.11

7-7 基本资料应用介绍四

　　这次我们介绍"行业分析""公司大事""港澳特色""经营分析""关联个股"。

　　"行业分析"里有行业地位排名情况、二级市场近期和上一年的累积涨跌幅情况及同期与大盘累计涨跌幅同列对比。该股在行业中的地位、股票涨跌趋势走向一目了然。

　　"公司大事"让我们了解公司重大经营情况、年季报的发布情况、公司董事会人员的变动情况、停牌原因、复牌时间。

"港澳特色"里有一些是否增持的投资数据的研究和发布，尤其是对在香港上市的 H 股公司有重要的参考。还有不同机构对每股收益和净利润的预测，可作为未来该股走势的把控依据。

"经营分析"介绍了主营业务的构成和布局，对公司的主要产品或服务有所了解，对公司是区域性公司还是全国、国际性公司有所认识。在这里我们还可以看到公司经营投资情况。公司以往年报也可以在这里查到。

"关联个股"，关注同行业个股、同概念个股。在大盘活跃时，我们就明白什么是同板块启动，什么是板块轮动，及时"春江水暖鸭先知"式地未雨绸缪，把握先机调仓换股。

2016.12.10

后　记

炒股炒成股东是散户的终极目标

　　散户投资的终极目标，就是要做优质上市公司的股东。凭借自己多年来的跟踪、研究、操作经验，与上市公司一起成长。

　　炒股炒成股东，被当作20年前——新千年快要到来时的一大傻，是当年很流行的一句笑话，意思是本来想玩玩，潇洒地赚一把，没有想到却被套牢，出都出不来了，无可奈何地成了上市公司的股东了。其实，这就应该成为我们散户投资的终极目标。那种认为到股市来是搏一点碎银子、赚一点零花钱的想法，是投资态度极不认真的一种表现，这种态度的结果就是不断地亏本，以至于自己的终极目标变成了：只要涨上去解套了，不亏本，就再也不入股市了。股市成了伤痕累累的记忆。

　　我们现在所处的是一个大众创新、万众创业的时代；是一个国家有梦想——中国梦，人人有梦想——小康梦的时代。

　　人人想当老板，散户就是老板啊！许多人错误地认为股市就是证券公司大厅那不断变化的大屏幕，或者是计算机的显示屏，或者是手机终端的

后 记

小屏幕。它们变化多端、难以捉摸，是虚无缥缈的东西。错！完全错误！这些屏幕背后、数字之中是实实在在的实体经济，是我国有实力的、处于科技前沿的、有想象力的公司。投资在这些公司身上，资金是安全的，收益是稳妥的。

只是我们一定要记住风险教育和那句入市提醒的话：股市有风险，入市需谨慎！

所以要记住：有闲钱去炒股。不要拿衣食住行、上学、养老的钱去投资，它会左右你理性、客观的判断，让你输得血本无归。

还要记住：弄明白了再选股，想明白了再操作，不明白时不下手。在没有明白的状态之下，各种消息内幕对你来说没有一丁点儿意义，更不要听信任何专家、大师、高人的指引。

建立投资理念而不是投机理念，是一个散户成长成熟的重要表现。股神巴菲特的财富不都是炒股炒来的，大部分是投资控股而来的。

散户要是成了优质上市公司的股东，一是可以享受年年红利的收益，赶上股本扩张，还有送转配持仓基数的扩大；二是可以高抛低吸赚取股票差价，优化自己的收益；三是有了收益可以不断扩大自己的持仓股票数量，让自己这个小老板一点一点地壮大；四是持仓扩大了，红利自然会增加，赚取股票差价的机遇也会越来越多。收益多了，新购股票让你自己长大的可能性也会提前到来，先百万，后五百万，再一千万，散户也就能过上更富足的生活。

记住那句劝你投资的名言：你不理财，财不理你！

2018.1.18